CHIARA LUBICH
ALLES BESIEGT DIE LIEBE

Chiara Lubich

Alles besiegt die Liebe

Betrachtungen und Reflexionen

VERLAG NEUE STADT
MÜNCHEN · ZÜRICH · WIEN

Aus der *Schriftenreihe der Fokolar-Bewegung*

Titel der italienischen Originalausgabe:
Scritti spirituali/2: L'essenziale di oggi,
2a edizione riveduta, 1997
© 1978, Città Nuova Ed., Rom

Übertragung ins Deutsche:
Stefan Liesenfeld, Marianne Schneppe, Margret Simon

Die Deutsche Bibliothek – CIP-Einheitsaufnahme

Lubich, Chiara:
Alles besiegt die Liebe : Betrachtungen und
Reflexionen / Chiara Lubich.
[Übertr. ins Dt.: Stefan Liesenfeld ...].
- 1. Aufl. - München ; Zürich ; Wien : Verl. Neue Stadt, 1998
(Schriftenreihe der Fokolar-Bewegung)
ISBN 3-87996-387-8

1998, 1. Auflage
© Alle Rechte der deutschsprachigen Ausgabe
bei Verlag Neue Stadt, München
Umschlagentwurf und Satz: Neue-Stadt-Graphik
Druck: MZ-Verlagsdruckerei GmbH, Memmingen
ISBN 3-87996-387-8

Vorwort

Wo die Liebe lebendig ist, gewinnt das Leben mit seinen Licht- und Schattenseiten eine neue Qualität. Sie nimmt ihm nicht die unvermeidlichen Härten, doch aus dem gegenseitigen Tragen und Mittragen erwächst neue Kraft, der Mut, sich dem Leben zu stellen, die Gegenwart zu bestehen und zu gestalten, der Zukunft hoffnungsvoll entgegenzugehen. Der Glaube an die alles überwindende Kraft der Liebe steht am Anfang einer Erfahrung junger Menschen, die in den letzten Jahren des Zweiten Weltkriegs im norditalienischen Trient ihr Leben entschieden am Evangelium ausrichten wollten. In diesem Glauben fanden sie die Kraft zum konkreten Engagement für die am meisten von der Zerstörung Betroffenen. Aus diesem Glauben heraus versuchten sie Versöhnung, Einheit zu stiften, wo sich Gräben zwischen einzelnen und Gruppen aufgetan hatten. Aus ihrer Erfahrung ist die inzwischen weltweit verbreitete Fokolar-Bewegung hervorgegangen, zu der Christen aller Konfessionen gehören und der sich auch Angehörige anderer Religionen und „Nichtglaubende" verbunden wissen.

Dieser Glaube an die Liebe, diese alle Barrieren überwindende innere Weite zeichnet die Schriften von Chiara Lubich aus, die in diesem Band in neuer Übersetzung vorgelegt werden. Der Großteil der Texte, die überwiegend auf Tagebuchaufzeichnungen und Zeitschriftenartikel der Autorin zurückgehen, entstand in den 60er und frühen 70er Jahren. Unverkennbar ist die Atmosphäre dieser bewegten Zeit, die nachkonziliäre Aufbruchstimmung, das neu erwachte Bewußtsein für die weltweiten *sozialen Probleme, die Notwendigkeit einer Vergewisserung des eigenen Glaubens angesichts starker ideologischer Strömungen, die Faszination für technisch-wissenschaftliche Errungenschaften. Solche zeitgebundenen Einflüsse in den Betrachtungen und Reflexionen Chiara Lubichs verweisen uns auf die Notwendigkeit, sich je neu den aktuellen Fragen und Nöten im weiten Raum von Kirche und Welt zu stellen – im lebendigen Bezug zum Evangelium Jesu Christi, dessen bleibende Aktualität und lebenspendende Kraft in diesem Buch aufleuchtet.*

Verlag Neue Stadt

Verlieren können

(1969)

FÜR MICH

„Ich lebe im Glauben an den Sohn Gottes, der mich geliebt und sich für mich hingegeben hat" (Gal 2,20). Was Paulus hier sagt, kann jeder auf sich selbst beziehen: *für mich* hat Christus sich hingegeben.

Jesus,
wenn du für mich gestorben bist,
wie könnte ich an deiner Großmut zweifeln?
Wenn ich glauben darf, daß du, der Sohn Gottes,
für mich gestorben bist,
wie sollte ich nicht alles daransetzen,
um auf diese Liebe zu antworten?

Für mich ...
Ein Wort, das die Einsamkeit der Einsamsten
überwindet.
Ein Wort, das jedem Menschen
eine erhabene Würde zuspricht,
gerade den Geringsten und Verachteten.
Ein Wort, das uns ergreift
und mit überströmender Freude erfüllt:
mit einer Freude, die ausstrahlt auf andere,
die von der Frohen Botschaft nichts wissen
oder sie wieder vergessen haben.

Für mich ...
Für mich, Herr, all diese Schmerzen?
Für mich dieser Schrei?

Wenn du für mich, für die vielen gestorben bist,
dann wirst du uns niemals fallenlassen!
Alles wirst du für uns tun – schon allein deshalb,
weil du bereits einen so hohen Preis
für uns bezahlt hast!

Du hast mir das göttliche Leben geschenkt,
wie meine Mutter mir das menschliche gab.
Allzeit denkst du an mich, als ob es nur mich gäbe –
und genauso an jeden anderen.
Das gibt uns – mehr als alles in der Welt –
Kraft und Mut, als Christen zu leben.

Für mich ... All das für mich.

Herr, so gib,
daß ich in der Zeit,
die mir noch bleibt,
dir sagen kann:
„Für dich!"

LAIE WIE WIR

Heute wird viel von der Aufgabe der Laien gesprochen. Vielleicht gewinnt das Bild des Laien, der ja auch „Kirche" ist, deutlichere Konturen, wenn man sich einige Gedanken über die Mutter Jesu macht. Gewiß ist Marias Berufung einzigartig, doch mir scheint, daß sie eine Art Modell des Laien sein könnte.

Als Katholiken machen wir aus ihr keineswegs eine Gottheit, doch manchmal rücken wir sie in eine unerreichbare Sphäre und bringen so nur eine Seite von ihr zum Ausdruck: Die Liebe und der Glaube haben uns bewogen, alles Besondere an ihr zu entdecken; wir preisen sie als Muttergottes, als ohne Erbsünde Empfangene, als Königin. Weniger sind wir gewohnt, in ihr die echte Christin zu sehen, die Verlobte, die Jungfrau und die Mutter, die Witwe, das Modell für jeden Christen. Und doch ist sie Laie wie wir; sie kann Christus nicht sakramental der Welt schenken, weil sie nicht zur Amtskirche gehört. Aber Maria steht immer aktiv in der Kirche: Sie ist Mutter, sie wirkt durch die Liebe, die sie bewegt und bereit macht, sich zu verschenken und mit ihrem Sohn zu leiden.

Maria, Laie wie wir, zeigt uns, daß das Wesen des Christentums Liebe ist, daß auch jeder Priester und Bischof zuerst ganz Christ sein muß: bereit zu lieben, wie Christus uns geliebt hat, als er am Kreuz seine Kirche gründete.

Und da Maria in der Kirche das Wesentliche an der Liebe zum Ausdruck bringt, nämlich das einende Element, zeigt sie der Welt die Kirche so, wie Christus sie gewollt hat und wie die Menschen sie heute erwarten: als Gemeinschaft, die von der Liebe geordnet ist. Nur wenn die Kirche diesen grundlegenden Aspekt hervorhebt, kann sie heute in rechter Weise mit der Welt in Dialog treten. Denn diese interessiert sich weniger für die Amtskirche, ist aber aufgeschlossen für das Zeugnis der Liebe von Christen, die der Welt von innen her das Leben geben sollen.

WAS BLEIBT

„Die Liebe hört niemals auf ... Für jetzt bleiben Glaube, Hoffnung, Liebe, diese drei; doch am größten unter ihnen ist die Liebe" (1 Kor 13,8.13).

Es kommt also darauf an, ganz Liebe zu sein, alles mit Liebe zu durchdringen. So bewegen wir uns wie von selbst auf Gott zu. Denn wer sich ohne Zögern in die Liebe hineinstellt, stellt sich in das, was bleibt: in Gott. Ihn wollen wir als das Ein und Alles unseres Lebens erwählen, Augenblick für Augenblick. Die Heilige Schrift ruft uns dazu in großartigen Worten auf:

„Du sollst den Herrn, deinen Gott, lieben mit ganzem Herzen, mit ganzer Seele und mit ganzer Kraft.

Diese Worte, auf die ich dich heute verpflichte, sollen auf deinem Herzen geschrieben stehen. Du sollst sie deinen Söhnen wiederholen. Du sollst von ihnen reden, wenn du zu Hause sitzt und wenn du auf der Straße gehst, wenn du dich schlafen legst und wenn du aufstehst. Du sollst sie als Zeichen um das Handgelenk binden. Sie sollen zum Schmuck auf deiner Stirn werden. Du sollst sie auf die Türpfosten deines Hauses und in deine Stadttore schreiben" (Dtn 6,5-9).

Worum sollen wir bitten?

„Alles, was ihr im Gebet erbittet, werdet ihr erhalten, wenn ihr glaubt" (Mt 21,22). Doch worum sollen wir dich bitten, Herr? Um die möglichst baldige Einheit der getrennten Christen, wie viele es wünschen? Paul VI. hat gesagt, die Stunde könne nahe sein, auch wenn es dazu vielleicht noch eines Wunders bedürfe.

Und solltest du, Herr, die Stunde auch noch in weiter Ferne sehen, könnte sie nicht – wie bei der Hochzeit von Kana (vgl. Joh 2,1-12) – auf die Bitte von Maria früher kommen? Maria will sicher, daß die Kinder des einen Vaters geeint seien. Und wird nicht der Heilige Geist, der doch auf die Einheit drängt, alles dafür tun?

Um wieviel können wir dich bitten! Wir bitten dich für die, die dich nicht kennen. Viele von ihnen sind guten Willens und kämpfen mit Hingabe und Ausdauer für eine Sache, die sie für richtig halten. Jedenfalls sind sie nicht lau, und deshalb wirst du sie nicht aus deinem Munde „ausspeien" (vgl. Offb 3,16). Oft können gerade sie glühende Zeugen des Glaubens werden.

Schließlich bitten wir dich für die Kirche, deine Braut, daß sie anziehend sei und ein Zeugnis der Einheit gebe, wie du es wünschst und wie es im Zweiten Vatikanischen Konzil oft ausgesprochen wurde.

Ein Leben nach den Seligpreisungen

Wir müssen zugeben, daß wir als Christen nur selten so sind, wie Christus uns will. Vieles wäre anders, wenn wir zum Beispiel die Seligpreisungen ernst nehmen würden.

Statt der Passivität oder stummem Unwillen zu verfallen, würden wir mit der Sanftmut der Kinder Gottes, auf friedliche Weise also, die Welt gewinnen.

Wo Leid herrscht, würden wir nicht bitterer Resignation begegnen, sondern Menschen, die selbst unter Tränen nicht aufhören, dem Herrn zu danken.

Wir fänden Menschen, die sich nicht in schändliche Dinge verstricken lassen, sondern mitten in der Welt stehen und doch ihre Mitmenschen und ihre Umwelt mit reinen Augen, von Gott her, sehen.

Die Armut wäre nicht so oft Ursache innerer Nöte, sondern wäre ein Weg zum Reich Gottes.

Haß und Rachsucht würden schwinden, man würde einander vergeben, weil die zwischenmenschlichen Beziehungen von Verständnis füreinander geprägt wären.

Doch oft bietet die Welt ein ganz anderes, negatives Bild: Wer weint, der weint ohne Ende; wer gestorben ist, wird vergessen, obwohl doch die Toten dem Leben angehören, das nicht vergeht.

ANBETEN

Die Eucharistie ist von unermeßlichem Wert. Einer, der etwas davon erfaßt hat, war Pierre Eymard, der Gründer der Eucharistiner. Sein Leben war geprägt von der Eucharistie, aus der er lebte und in der er ein Stück Himmel fand, die innerste Mitte seines Lebens. Von ihm stammt der Ausspruch: „Unsere Zeit ist krank, weil sie nicht anbetet."[1]

Anbeten ... Manchmal spüren wir das Verlangen danach, wir möchten uns auf die Knie werfen, tief das Haupt beugen vor dem Schöpfer, vor dem Herrn. Vor allem aber geht es um eine innere Haltung: um das Bewußtsein, daß wir Geschöpfe sind.

Anbeten heißt, angesichts der Größe Gottes unsere Nichtigkeit zu erkennen und ihm zu sagen: Du bist alles, du bist der, der du bist, und mir wurde das ungeheure Privileg zuteil, leben zu dürfen und dies zu erkennen.

Pierre Eymard hat Aspekte des geistlichen Lebens entdeckt, die Gemeingut der Kirche geworden sind. Treffend sagt Papst Pius XI. über sein Gebetsleben: „Pater Eymard hat aus allen Jahrhunderten, aus der ganzen Tiefe der Tradition herausgelesen ..., daß in der Eucharistie das Wesen, die ganze Weite und Vielfalt der Gottesverehrung auf erhabene Weise zusammengefaßt ist: die Anbetung, die Danksagung, Sühne und Bitte. Also unser ganzes Verhältnis zu Gott, jede Haltung, die der Mensch seinem Schöpfer gegenüber zeigen kann und muß."[2]

AUF DAS WIE KOMMT ES AN

Es gibt Tage, an denen es besser, und andere, an denen es schlechter zu gehen scheint. Doch manchmal geht uns auf, daß es gar nicht so sehr auf Erfolg oder Mißerfolg ankommt, sondern darauf, *wie* wir unser Leben gestalten. Und die Frage nach dem Wie ist eine Frage nach der Liebe: Sie allein gibt allem Wert ...

Halten wir uns vor Augen, daß wir weder Erfolge noch Mißerfolge ins endgültige Leben mitnehmen werden. Selbst wenn wir den Leib dem Feuer übergäben: ohne die Liebe nützte es nichts. Ohne die Liebe zählen weder missionarisches Engagement noch das Reden in Engelssprachen, auch nicht die Werke der Barmherzigkeit oder das Verteilen unserer Habe an Bedürftige (vgl. 1 Kor 13,1ff).

Mitnehmen können wir nur das, was Liebe war und dem Wort Gottes entsprochen hat. Wenn wir uns an ihm orientieren, bekunden wir unsere Liebe: „Wenn jemand mich liebt, wird er an meinem Wort festhalten" (Joh 14,23).

Beginnen wir also unseren Tag mit Zuversicht, bei Unwetter oder Sonnenschein. Erinnern wir uns daran: Jeder Tag ist so viel wert, wie wir Gottes Wort in uns aufnehmen. Christus möchte in uns leben; er ist es, der unser Tun, unser Beten und Leiden wertvoll macht. Er in uns vollbringt die Werke, die uns ins endgültige Leben begleiten (vgl. Offb 14,13). Erstaunt werden wir feststellen, wie das Wort Gottes, die

Wahrheit, uns frei macht (vgl. Joh 8,32.36): unabhängig von äußeren Umständen, von inneren Prüfungen, von unserer physischen Begrenztheit, vom Einfluß einer Welt, die so oft die Fülle und den Glanz des Gottesreiches in uns mindert.

ER WIRD SICHTBAR

Manchmal, besonders wenn wir uns ehrlich bemüht haben, unsere Mitmenschen um Christi willen zu lieben, fühlen wir uns spontan zu Gott hingezogen. Dieses Empfinden sollten wir, so meine ich, nicht überbewerten, aber auch nicht unterschätzen. Denn gewiß kann Gott uns um so stärker an sich ziehen, je mehr wir ihn lieben.

Zuerst nimmt er uns so, wie wir sind, mit allem, was noch nicht und was bereits von ihm durchdrungen ist. Wir merken, daß unsere Liebe zwar ehrlich und auf Gott ausgerichtet, aber doch noch nicht ganz frei, noch zu sehr mit dem „Ich" behaftet ist.

Je mehr wir dann der Gnade entsprechen und an das Wort denken: „Nicht jeder, der zu mir sagt: Herr! Herr!, wird in das Himmelreich kommen, sondern nur, wer den Willen meines Vaters erfüllt" (Mt 7,21), desto mehr sehen wir unsere Liebe wachsen. Sie wird nicht engelhaft, sondern göttlich-menschlich, der Liebe Christi ähnlich, voller Leichtigkeit und Lauterkeit. Dann liebt Gott selbst in uns und wird durch uns in stärkerem Maße sichtbar.

Fest der Liebe

„Gott ist die Liebe" (1 Joh 4,8.16). Darum ist er Mensch geworden. Er wurde ein Kind und wuchs heran, er lebte und starb für uns, um uns mit dem Vater zu versöhnen.

An diesem Geschehen der Menschwerdung Gottes bekommt Anteil, wer die Liebe versteht. Die Liebe aber versteht nur, wer liebt. Und wer liebt, bemüht sich, so Augustinus, die Einheit nicht zu brechen.

Der große Kirchenlehrer hilft uns zu verstehen, was einen wahren Christen ausmacht: „Wer den Geist Gottes hat, sagt, daß Jesus im Fleische gekommen ist; er sagt es nicht mit Worten, sondern mit Taten, nicht indem er redet, sondern indem er liebt. Wer nicht vom Geiste Gottes ist, erkennt nicht an, daß Christus im Fleische gekommen ist; er leugnet es nicht mit Worten, sondern mit dem Leben, nicht mit dem Mund, sondern mit seinen Taten. Fragen wir einen Irrlehrer: ‚Ist Christus im Fleische gekommen?' – ‚Ja.' – ‚Aber du leugnest es doch, zwar nicht mit Worten, aber durch dein Tun. Christus kam im Fleisch, um für uns zu sterben, und niemand hat eine größere Liebe, als wer sein Leben hingibt für seine Freunde. Nun aber hast du die Liebe nicht; denn durch deinen Stolz brichst du die Einheit der Kirche.' "[3]

Wenn sich unter den Christen verschiedener Konfessionen ein ökumenischer Geist Bahn bricht, der sie langsam, aber entschieden zur Einheit führt, dann ist es, als ob die ganze Christenheit einem neuen Weihnachten entgegenginge: Sie sagt nicht nur mit Worten, daß Christus gekommen ist, sondern bezeugt es durch die Tat: durch die Liebe, die wieder zur Einheit führen will.

Nichts und alles

Wenn unsere Gesundheit beeinträchtigt ist, überkommen uns vielerlei Gedanken; es könnte etwas Harmloses, aber auch etwas Ernsteres sein, so daß wir mit allem rechnen müssen, vielleicht sogar mit der Möglichkeit eines nahen Todes. In solchen Momenten bricht für uns alles zusammen, doch zugleich kann es auch eine Begegnung mit dem sein, der das Alles ist, Gott. Und in ihm finden wir alles wieder, was Tag für Tag Ziel und Inhalt unseres Christenlebens ausmachte. Es ist ein Licht, das in jeder Situation Liebe und Lebensfülle schenkt, selbst in schwerer Krankheit, bei einer Operation, im Angesicht des Todes.

So sonderbar es klingen mag – ich habe es erfahren, endlich ist es mir aufgegangen: Das Nichts fällt mit dem Alles zusammen. Nichts fehlt mir, weil ich jenes Alles habe, nach dem ich mich sehne.

Beim Gedanken an den Tod spürst du, daß die beste Vorbereitung das *Leben* ist: einfach *leben*, ohne besondere Übungen, ohne sich anders zu verhalten als sonst. Der Schmerz, der dir eine Vorahnung des Todes gibt, gewährt einen klareren Blick auf den Himmel, der dich erwartet und in dem du vielleicht jetzt schon lebst. Womöglich will jemand dich beruhigen und dir diese Gedanken ausreden. Womöglich gelingt es ihm, denn „das Fleisch ist schwach". Womöglich fühlst du dich tatsächlich erleichtert, aber es bleibt auch der schmerzliche Eindruck, den

Himmel, die Begegnung mit dem dreifaltigen Gott aus den Augen verloren zu haben.

Wie ein Adler mit neuem Flügelschlag seinen Flug wieder aufnimmt, begibst du dich auf den langen Weg, der noch vor dir liegt. Du bittest Gott, dir alles zu geben, was deiner vollen Entfaltung, der Vorbereitung auf die Begegnung mit ihm dient – auch wenn es schmerzlich sein sollte. Vielleicht merkst du, daß Gott dich erhört. Auch Maria scheint dir auf der verbleibenden Wegstrecke zu Hilfe zu kommen wie eine Mutter, die ihrem Kind alles mitgibt, was es unterwegs braucht.

Wachsam sein

Manchmal fühlen wir uns von Gott gedrängt, beständig im *Übernatürlichen* zu sein. Wenn wir in völliger Ungewißheit leben, sei es wegen unserer Gesundheit, sei es wegen unserer Pläne und Programme oder ganz allgemein wegen der Zukunft, dann werden wir auf die eigentliche Wirklichkeit verwiesen. Wir verstehen, daß es darauf ankommt, im gegenwärtigen Augenblick vor Gott zu leben und seinen Willen zu erfüllen.

Seien wir also wachsam, wie Jesus es uns nahegelegt hat, denn wir kennen weder den Tag noch die Stunde seines Kommens (vgl. Mt 24,42-44). Man kann hinzufügen: jedes Kommens. Er kommt ja immer, jeden Augenblick. Er begegnet uns in seinem Willen, ob dieser uns schön oder schmerzlich erscheint: Immer ist es Gott selbst, seine Liebe, die uns entgegenkommt.

Die Wachsamkeit läßt uns in der Wirklichkeit stehen, in der Wirklichkeit des Himmelreiches, das wir schon hier und jetzt erleben können. So haben wir festen Boden unter den Füßen und sind vor Sünde und Illusionen, vor Enttäuschung und Verwirrung gefeit.

NICHT ALLEIN

Die gottgeweihte Frau, deren Bräutigam Christus ist, ist nicht allein. Sie gehört einem, der ihr gerade dann, wenn sie schwach erscheint und sich unsicher fühlt, innere Kraft und Stärke schenkt.

Trotzdem meint man oft, eine solche Frau habe niemanden. Man hält ihre Entscheidung – wohlwollend betrachtet – für heldenmütig. Doch in ihrem Herzen ist das Reich Gottes lebendig; sie ist in Beziehung mit dem dreifaltigen Gott, der in ihr wohnt. So lebt sie gleichsam in einer göttlichen Familie: sie und ihr Gott – und all die Menschen, die durch diese treu gelebte Verbindung zum eigentlichen Leben geboren oder wiedergeboren werden.

Ein echter Christ

Nikolaus von Flüe: Vater von zehn Kindern, Bauer, Soldat, Politiker und Richter – und dabei tief mit Gott verbunden. Auf göttliche Eingebung und mit Zustimmung seiner Frau Dorothea zog er sich als Einsiedler zurück, nicht weit von seinem Hof. Dem ältesten Sohn übertrug er die Verantwortung für die Familie. Zwanzig Jahre hindurch führte er ein Leben der Betrachtung und des uneingeschränkten Fastens. Obwohl er in tiefster Beschauung lebte, wurde er zum „Vater des Vaterlandes"; im entscheidenden Moment rettete er die Einheit seines von Zerwürfnissen und Kämpfen bedrohten Volkes. Er wurde zum Berater von Staatsmännern, auch aus den Nachbarländern.

Man kann nur staunen über ein solches Leben. Am stärksten aber hat mich beeindruckt, was Bruder Klaus dem Bischof antwortete, der sich über sein Fasten erkundigen sollte und ihn fragte: „Welche Tugend ist am größten und gefällt dem Herrn am meisten?" – „Der Gehorsam", gab Bruder Klaus zur Antwort.[4] Und aus Gehorsam nahm er mit großer Mühe ein Stückchen Brot und einen Schluck Wein zu sich, worauf der Bischof ihn umarmte ...

Ja, Bruder Klaus war ein wahrer Christ: einer, der den Gehorsam lebt. Und das sollten wir heute, vor allem heute, nicht vergessen.

BERGE VERSETZEN

„Wenn ihr Glauben habt und nicht zweifelt ... und zu diesem Berg sagt: Heb dich empor, und stürz dich ins Meer!, wird es geschehen" (Mt 21,21).

Wie viele Bitten haben wir schon an dich gerichtet, Herr: in persönlichen, verborgenen wie in allgemein bekannten Anliegen ... Wie viele „Berge" wollten wir schon von dir versetzt wissen!

Jetzt bitte ich dich: Versetze den Berg unserer Unvollkommenheiten und Unterlassungen! Schaffe Raum in uns für all die Gnaden, die du der Welt schenken möchtest und die sie nicht annimmt.

Versetze den Berg der Unsicherheit, die uns manchmal erfaßt, und schenke uns eine unerschütterliche Hoffnung, jene göttliche Tugend, die eine ganz eigene Sicherheit verleiht.

Heb hinweg den Berg der Hindernisse, die das leuchtende Bild deiner Kirche verdecken. Zeige der Welt, wie schön deine Braut ist.

Versetze den Berg des geistigen Hochmuts, und gib uns den echten, tiefen Glauben, den uns deine Kirche vermittelt und den nur die Einfachen und Bescheidenen verstehen und erlangen können.

Gib deinen Kindern, die heute sterben werden, ohne von dir wissen zu wollen, eine Fülle von Gnaden, damit sie letztlich doch an deine Liebe glauben.

Nimm der geängstigten Menschheit die Angst vor dem Krieg – ein großer „Berg" in unserer Zeit! –, und gib ihr den Frieden, um den wir alle dich bitten.

Schaffe alles weg, worum du selbst, Herr, mit Maria und all deinen Heiligen an unserer Stelle bitten würdest, damit dein Reich kommt und deine Herrlichkeit aufleuchtet.

Von Hoffnung geprägt

Warum sind wir manchmal nicht ganz zufrieden? Warum lassen wir unsere Freude von Schmerz und Kummer trüben? Nicht zuletzt wohl deshalb, weil es uns an der Hoffnung fehlt.

Schon bei einem flüchtigen Blick durch die Evangelien gewinnen wir den Eindruck, daß da alles von hoffnungsvoller Erwartung geprägt ist. Die Evangelien sind voll von göttlichen Verheißungen.

Wenn wir unser christliches Leben erneuern wollen, wenn wir zur ungezwungenen Freude von Kindern des Evangeliums durchstoßen wollen, brauchen wir Hoffnung, beharrliche Hoffnung.

„Gott der Hoffnung" nennt Paulus den Herrn, und er fährt fort: Dieser Gott der Hoffnung, der wahre und einzige Gott, „erfülle euch mit aller Freude und mit allem Frieden" (Röm 15,13). Freude und Frieden: zwei Dinge, die der Welt abgehen. Christen, die aus der Hoffnung leben, haben sie ihr anzubieten.

Die Lästigen ertragen

Die Lästigen ertragen: auch das ist ein Werk der Barmherzigkeit. Oft ist uns dies nicht bewußt, und wir verkennen seine Bedeutung.

In unserem Zusammenleben versuchen wir Christen gewiß, einander nach Jesu Beispiel und Gebot zu lieben. Manchmal aber kommen ganz gegensätzliche, menschlich unvereinbare Charaktere zusammen. Da ist es gut und tröstlich zu wissen, daß es schon ein Akt der Barmherzigkeit ist, wenn man die Eigenart des anderen, etwa seine Handlungsweise, seine abstoßende Grobheit, seine lästige Aufdringlichkeit, erträgt und über seine Fehler – im Grunde Kleinigkeiten – hinwegsieht. Das gehört ebenso zu den Werken der Barmherzigkeit wie „Hungrige speisen" oder „Kranke besuchen" (vgl. Mt 25,35f). Es ist eines der Werke, nach denen wir bei der letzten Prüfung gefragt werden.

„STABAT MATER"

„Stabat mater ..." Heldenhaft stand Maria auf Golgota beim Kreuz ihres Sohnes (vgl. Joh 19,25).

Was für eine Mutter, die einen Sohn hatte, der Gott war, und die ihn so sterben sah! Und sie hat durchgehalten. Wohl nur, weil sie *Mutter Gottes* war, konnte sie die Kraft dazu haben.

Golgota: Dort wurden wir zu neuem Leben geboren, dort wurden wir durch Christus zu Kindern Gottes (vgl. Gal 4,4f), dort hat er uns – vertreten durch Johannes – auch Maria als Kinder anvertraut. Sie hat Christus, ihren Sohn, verloren, um Mutter seines mystischen Leibes, der Kirche, zu werden.

Maria, du hast uns so sehr geliebt!
Schenke uns ein wenig von deinem Glauben,
von deiner Hoffnung und deiner Liebe,
von deinem Starkmut und deiner Ausdauer,
von deiner Demut und Reinheit,
von deiner Sanftmut und Barmherzigkeit,
von all deinen Vorzügen.
Sooft wir darüber nachdenken, verstehen wir mehr,
wie du diese Tugenden verwirklicht hast.
Jesus hat dir die Kirche anvertraut.
Auch wir bitten dich für die Kirche,
die uns so am Herzen liegt,
daß die Christenheit bald geeint sei.
Durch die Gnade Gottes vermagst du alles;
du wirst auch der Einheit den Weg bereiten.

Ein neuer Frühling

Bernhard von Clairvaux, der große Zisterzienser aus dem 12. Jahrhundert, sagte in einer berühmten Predigt: „Meine ganze Philosophie besteht in dem Wissen, daß es Christus gibt und daß er gekreuzigt wurde."

Bernhard ging zusammen mit seinen ersten Gefährten den Weg, den Gott ihm gewiesen hatte: Er traf eine ausschließliche Entscheidung für Gott, eine Entscheidung zur Nachfolge Christi auf dem Weg des Kreuzes. So entstand eine Gemeinschaft, die einen tiefen Eindruck hinterließ. „Das Leben mit seinen Gefährten war Liebe", schreibt sein Zeitgenosse und Biograph, Wilhelm von St. Thierry. „Wer sah, wie sie einander liebten, erkannte, daß Gott in ihnen war."[5] Zahlreiche Menschen pilgerten zu ihnen. Was sie anzog, war Gott, der in der gegenseitigen Liebe der Mönche „sichtbar" wurde.

Auf ein solches Zeugnis wartet die Welt – heute wohl mehr denn je. Und Gott läßt es nicht daran fehlen: Allem üblichen Gerede über die Religion zum Trotz bricht in der Christenheit vielerorts ein neuer Frühling an. Auch unter Angehörigen anderer Religionen und unter Menschen, die sich keiner Religion zugehörig fühlen, gibt es ähnliche Entwicklungen.

Die Liebe blüht auf; nicht nur unter Mönchen, sondern auch unter Menschen verschiedenster sozialer Schichten, zwischen Jugendlichen und Erwachsenen unterschiedlicher Nationalität. Die gegenseitige Liebe, die Jesus uns aufgetragen hat, ist unter ihnen lebendig, und auch im 20. Jahrhundert können wir beobachten, wie Gott, der unter diesen Christen lebt, Scharen von Menschen anzieht.

Das Wort als Nahrung

„Das Wort Gottes", sagte Papst Paul VI., „ist eine Weise seiner Gegenwart unter uns." Durch die Mitteilung des Wortes wird Christus im Menschen gegenwärtig. In den zwischenmenschlichen Beziehungen ist die verbale Kommunikation etwas ganz Normales; doch wenn das Wort Gottes weitergegeben wird, geschieht etwas Großes, Geheimnisvolles: Denn durch dieses Wort „werden Gottes Gedanken, das *Wort*, der menschgewordene Sohn Gottes weitergegeben"[6].

Als ich mich in sorgenvollen und schmerzlichen Augenblicken vom Wort Gottes nährte, fühlte ich mich gestärkt und erfüllt. Da dachte ich: Eigentlich haben wir immer die Möglichkeit, durch das Wort mit Jesus in Beziehung zu treten und aus ihm Kraft und Nahrung zu schöpfen.

Diese Erfahrung hat mich sehr froh gemacht. Denn das Evangelium ist ja kein bloßes Trostbuch, zu dem wir uns nur in schmerzlichen Zeiten flüchten könnten, um Antwort auf unsere Fragen zu erhalten. In *allen* Situationen unseres Lebens hat es uns etwas zu sagen; es enthält die Grundgesetze des Lebens. Seine Worte wollen nicht nur gelesen, sondern aufgenommen werden, sie sollen uns prägen, damit wir Christus immer ähnlicher werden.

Wenn wir aus dem Wort leben, ist es nicht mehr so wichtig, was das Leben uns gerade beschert: Schmerz oder Freude, Alltägliches oder Außergewöhnliches. Wichtig ist allein Christus, der dies alles durch sein Wort erfüllt und in uns lebt.

Hoffnung

„Bedrängnis bewirkt Geduld, Geduld aber Bewährung, Bewährung Hoffnung. Die Hoffnung aber läßt nicht zugrunde gehen" (Röm 5,3-5).

Welche Zuversicht weckt dieses Wort! Ja, man kann es nachvollziehen: Es ist das Gesetz des christlichen Lebens. Wenn wir in der Bedrängnis des Alltags geduldig die Liebe üben, wird uns innere Klarheit zuteil, ein Licht, eine tiefere Erkenntnis, wie wir weitergehen können. Wir merken, daß wir weder den Mut verlieren noch uns etwas vormachen müssen, daß wir weder niedergeschlagen noch überschwenglich sein sollen. Und dabei wächst die Hoffnung, daß uns am Ende des Lebens das verheißene Erbe zuteil wird, hier aber das Hundertfache, das Jesus den Seinen versprochen hat.

So sehen wir die Nöte und Bedrängnisse in einem anderen Licht, und wir begreifen den Wert und die Größe der Hoffnung, die der Liebe so nahesteht. Nicht von ungefähr fährt Paulus fort: „Die Hoffnung ... läßt nicht zugrunde gehen; denn die Liebe Gottes ist ausgegossen in unsere Herzen durch den Heiligen Geist, der uns gegeben ist" (Röm 5,5).

Ich habe meinen Weg gefunden

Maria unter dem Kreuz zeigt mir, was Heiligung letztlich bedeutet. Ich möchte mir ihre Selbstverleugnung, ihr Leben zu eigen machen, um wie sie ganz Gott zu gehören. Auch wenn ich mitten unter den Menschen lebe, soll mein Leben ein inniges Zwiegespräch mit Gott werden. Darum will ich Worte, Gedanken und Handlungen zurückstellen, bis der gottgewollte Augenblick dafür gekommen ist.

Maria unter dem Kreuz bedeutet sichere Hoffnung auf Heiligung, unerschöpfliche Quelle der Vereinigung mit Gott, Ursache überströmender Freude.

Maria unter dem Kreuz ist meine Entdeckung: In ihr habe ich meinen Weg gefunden.

In der Stunde des Erfolgs

Von Margareta von Cortona hat ihr Beichtvater folgende Begebenheit überliefert: Eines Nachts habe sie der Satan mit dem schmeichelnden Gedanken verfolgt, sie sei bei allen angesehen. Daraufhin sei sie auf die Terrasse ihres Hauses gestiegen und habe weinend geschrien: „Steht auf, ihr Bürger von Cortona, steht auf! Ich sage euch, steht auf und verjagt mich auf der Stelle mit Steinwürfen; denn ich bin eine Sünderin. Ich habe folgende Sünden gegen Gott und den Nächsten begangen ..." Und mit lauter Stimme soll Margareta alle Fehler ihres Lebens aufgezählt haben[7] – eine Lektion über die Demut, das heißt über das, was wir in Wahrheit sind.

Wenn wir einem Werk Gottes in der Kirche angehören, das Anerkennung gefunden und Erfolg hat, wollen wir achtgeben, daß wir unterscheiden zwischen uns und diesem Werk, zwischen uns und dem, was Gott auch durch uns wirkt. Sonst könnte der Widersacher uns bei unserem Stolz und Hochmut packen und dazu verleiten, uns wie Diebe anzueignen, was Gott zukommt. Daher wollen wir mit Augustinus wiederholen: „Gib, Herr, daß ich *mich* erkenne, daß ich *dich* erkenne."[8]

Echte Demut besteht nicht darin zu sagen, man habe nichts getan und nichts Gutes zustande gebracht. Vielmehr geht es darum, Gott zu geben, was sein ist, und uns, was unser ist.

JA ZUM KREUZ

Ja sagen zum Kreuz und den Gekreuzigten lieben: das einzige, woran wir uns erinnern müssen. Dazu gehört auch, Herr der eigenen Kräfte und Fähigkeiten zu sein und unseren Willen auf die Spur des göttlichen Willens zu lenken: ihn zügeln, wenn er sich auflehnt, ihm Einhalt gebieten, wenn er ausweichen, und zwingen, wenn er streiken will.

Wenn wir das Kreuz ablehnen, können wir weder Gott noch die Mitmenschen wirklich lieben.

Umfassende Sicht

„Ich habe euch gesandt, zu ernten, wofür ihr nicht gearbeitet habt; andere haben gearbeitet, und ihr erntet die Frucht ihrer Arbeit" (Joh 4,38).

Jesus hat die ganze Menschheit vor sich. Die Propheten, die in der Vergangenheit gesät haben, sind ihm ebenso gegenwärtig wie die Apostel, die er zur Ernte aussenden möchte. Die Freude des Himmelreiches wird für alle sein.

Unsere Sicht sollte immer so umfassend sein, daß uns die Lebenden und die Toten in gleicher Weise gegenwärtig sind; denn die Liebe schließt alle ein. Das Bewußtsein, mit den Großen der Christenheit des Westens und des Ostens verbunden zu sein, schenkt uns in der Arbeit, ja in unserem ganzen Leben immer wieder Kraft und Zutrauen. Wir können erleben, daß sie uns zur Seite stehen und einem jeden von uns helfen, das Werk zu vollbringen, das Gott ihm anvertraut hat.

Keine Selbsttäuschung

Wir können und sollen die Welt lieben; denn alles Schöne kommt direkt oder indirekt von Gott. Doch wenn es die Ewigkeit gibt, dann muß unser so kurzes Leben von dort her seine letzte Bedeutung und den richtigen Stellenwert erhalten.

Wir sind auf Erden, um eine Zeit der Prüfung zu bestehen. Sinn und Ziel unseres Lebens liegen nicht im Jetzt, sondern im Morgen, in einer anderen Welt. Wenn wir uns jeden Tag mehr an unsere Erde klammern, an das, was sie uns bietet, und wenn wir nur darauf aus sind, uns „hier unten" gut einzurichten, dann ist unsere Existenz verfehlt oder zumindest eine Selbsttäuschung. Wir leben ohne Hoffnung auf ein künftiges Leben, und daß wir das jetzige eines Tages verlieren werden, ist sowieso sicher.

Gewiß wollen wir Menschen unserer Zeit sein und „mit der Zeit gehen". Um aber keinem schwerwiegenden Irrtum zu verfallen, wollen wir zuerst Menschen der Ewigkeit sein, Menschen, die schon hier Anteil am ewigen Leben haben und die den Spuren derer folgen, die wirklich weise, die heilig sind.

Ihr Lebenswandel, ihre Ernsthaftigkeit, ihr innerer Abstand von der Welt und ihre strenge Aszese irritieren uns manchmal, doch sie haben ihren guten Grund. Alles andere trügt. „Denn wer sein Leben retten will, wird es verlieren; wer aber sein Leben um meinetwillen verliert, wird es gewinnen" (Mt 16,25).

Wie paradox ...

Jesus offenbart sich einer samaritischen Frau als der Messias. Er spricht von seiner Gabe: der Gnade, die den Menschen erfüllt, Gott selbst, der im Menschen wohnt und ihm die volle Erfüllung schenkt. Mehr noch: Das „Wasser", das Jesus ihm gibt, wird zur „sprudelnden Quelle". Es stagniert nicht, ist nicht immer dasselbe. Es ist lebendiges Wasser, das Leben schenkt – „ewiges Leben" (vgl. Joh 4,10-14).

Die Ewigkeit hat also schon auf Erden begonnen. An uns liegt es, aus der Quelle zu schöpfen, uns an ihrer Fülle zu erfreuen, uns – um ein anderes Bild zu gebrauchen – in diesen Stromkreis einzuschalten.

Wie oft leben wir nur so dahin, traurig, gelangweilt, mit stumpfem Blick. Würden wir den Schatz kennen, den wir in uns tragen, wären wir überglücklich und erfüllt, unser Hunger und Durst wären gestillt.

Wie paradox ist unser christliches Leben geworden: Wir sind so reich beschenkt und halten uns doch für arm. Wir leben und kommen uns vor, als wären wir halbtot. Wir könnten der Welt die Freude schenken und zeigen nur Wehmut.

Wann werden wir umkehren? Wann wird die Welt Christen erleben, die eine „Stadt auf dem Berg", „Licht auf dem Leuchter" sind?

Leider bemerkt man kaum einen Unterschied zwischen denen, die „jenes Wasser" haben, und anderen, die es noch nicht haben. Am liebsten möchte man es dorthin bringen, wo Menschen – vielleicht unbewußt – danach dürsten. Und man ist versucht, die Satten und Gleichgültigen sich selbst zu überlassen, die zwar das Christentum kennen, aber kein Verlangen nach Gottes Leben haben. Jesus hat gesagt: „Wer hat, dem wird gegeben; wer aber nicht hat, dem wird auch noch weggenommen, was er hat" (Mk 4,25). Wer weiß, ob sich das Christentum in Zukunft nicht in jene Völker verlagern wird, die heute Christus noch nicht kennen, und ob nicht gerade sie uns die Frische göttlichen Lebens zurückbringen werden, das alles erneuert – wie ein neugeborenes Kind den Eltern eine neue Jugend schenkt?

IM RICHTIGEN VERHÄLTNIS

Viele Empfindungen, viel Freude, viele Gedanken kommen mir öfter bei meinem vielfältigen Engagement im Dienst der Kirche: bei Gesprächen, während der Arbeit, auf Reisen ... Unbewußt trage ich all dies weiter in mir wie einen Schatz, über den man nachsinnt, den man genauer betrachtet, der einen immer wieder erfreut. Doch dieser innere Reichtum kann auch blenden und den Blick fürs Wesentliche verstellen; mir scheint, daß er in meinem Herzen einen Platz einnimmt, der Gott allein gehören sollte.

Wieder einmal ist mir aufgegangen, was zählt: die Gegenwart leben und all das, womit ich im Augenblick zuvor beschäftigt war, dem Herrn anvertrauen, auch die heiligsten Dinge. Er selbst wird es bewahren und voranbringen, und dann wird er, wie schon so oft, mich alles gewachsen und gereift wiederfinden lassen.

Kurz: „verlieren". Loslassen, verlieren können ist ein Grundzug eines Lebens nach dem Evangelium. Verlieren – wie Maria unter dem Kreuz. Um den Willen Gottes zu erfüllen, hat sie das Kostbarste ihres Lebens hergegeben: Jesus ...

Loslassen, um ganz auf das ausgerichtet zu sein, was Gott in diesem Augenblick von mir will.

Sich von allem lösen, damit sich das Licht Gottes ungehindert in meinem Herzen ausbreiten kann. So bekommen auch die Empfindungen und Gedanken ihren richtigen Stellenwert; in ihm finden sie ihren Platz und gewinnen eine heilige Note. So auch die

Liebe zum Volk Gottes von heute, zur pilgernden, leidenden und teils schon vollendeten Kirche. Und die Liebe zur Kirche von morgen, die Gott heute schon als die „Braut des Lammes" (Offb 21,10) sieht und liebt.

ER WEINTE

Jesus wurde „innerlich erregt", er „weinte".
So steht es im Evangelium (Joh 11,35.38).

Herr, dein Weinen tröstet uns.
In deinen Tränen finden wir die unseren wieder.
Du wirst Mitleid haben
mit uns, mit unserem Weinen,
denn du hast ja selbst geweint.
Wo du Tränen siehst, findest du dich wieder.

Du bist der Sichere, der Ewige,
der Unveränderliche, die Seligkeit selbst;
doch als Mensch hast du erfahren,
was es heißt, erschüttert zu sein.

Danke, Jesus,
für dein Leiden, für deinen Tod.
Danke auch für die Momente in deinem Leben,
die dich uns so nahebringen,
wenn wir verzagt und verstört sind.
Dann denken wir an dich.
Du erkennst dich in uns wieder
und lebst in uns.
In deinen Gliedern
setzt sich deine Passion fort,
für das Heil aller Menschen.

Leidenschaftliche Liebe zur Kirche

Die Christen sollten von einer „leidenschaftlichen Liebe zur Kirche" (Paul VI.) erfüllt sein. Einer Liebe, die nicht nur empfunden, sondern auch praktiziert wird und die der ganzen Kirche gilt – so, wie sie ist, mit all ihren Werken und Ausprägungen: Frucht der zahlreichen Charismen, die der Heilige Geist ihr geschenkt hat und weiterhin schenkt. Diese Liebe führt zu einem tieferen Verstehen der Kirche, und das Verstehen weckt wiederum eine größere Liebe.

Was für die persönlichen Beziehungen gilt, sollte auch im großen gelten. Auf der persönlichen Ebene sind wir als Christen gerufen, zu lieben, einander kennenzulernen, uns in den anderen hineinzuversetzen, uns mit ihm „einszumachen" und die Gaben, die Gott uns schenkt, weiterzugeben. Entsprechend sollten wir auch die anderen Gemeinschaften und Werke der Kirche kennen-, schätzen und lieben lernen und den Austausch der Gaben fördern. Daraus könnte eine Zusammenarbeit erwachsen, und so könnten wir mit Herz und Verstand der Kirche, die wir leidenschaftlich lieben, dienen. Andernfalls wäre unsere Liebe ein bloßes Lippenbekenntnis; wir liefen Gefahr, uns zu isolieren und zu verschließen.

Auch die Liebe, die wir für den Papst empfinden, bleibt nur Gefühl und oberflächliche Begeisterung, solange wir nicht das mit ihm teilen, was ihm am Herzen liegt: das Leben der ganzen Kirche Gottes.

Ausschliessliche Liebe

Gott lieben aus ganzer Kraft und in ihm – in rechter Ordnung – alle Geschöpfe: das heißt Christsein.

Es kann vorkommen, daß wir diesen Satz falsch verstehen und allzu schnell dazu übergehen, die Geschöpfe zu lieben.

Vergegenwärtigen wir uns, worauf es ankommt: Gott zu lieben. Ihm gehört unser Leben, unsere Zeit, unsere Arbeit, unsere Liebe, unser Verstand. Doch um das zum Ausdruck zu bringen, müssen wir unsere Aufmerksamkeit, unsere Sorge und Liebe auch den Geschöpfen zuwenden. Freilich für Gott, um ihn unablässig zu lieben. Eigentlich müßten wir in beständiger Beschauung leben ... Wie sehr fehlen wir da!

In dieser einen, ungeteilten Liebe finden wir eine ungeahnte Freiheit. Allein der Gedanke daran befreit uns von den unzähligen Zwängen, denen wir in unserem gesellschaftlichen Umfeld oft unterliegen.

Gebet und Busse

„Gebet" und „Buße" – zwei Anliegen, die Maria den Kindern von Fatima ans Herz gelegt hat. Was kann dies bedeuten?

„Gebet" heißt: sich Zeit nehmen für das Gespräch mit Gott, die Beziehung mit ihm pflegen; ihm den ersten Platz geben und die besonderen, ihm reservierten Momente ernst nehmen. Wir wissen ja, wie entscheidend dies für alles ist, was wir sonst zu tun haben.

Zum andern geht es um die „Buße", die – wie der hl. Lorenzo Giustiniani (1381 – 1455) schrieb – darin besteht, das tägliche Kreuz zu suchen und es zu lieben.

Wenn wir als echte Christen leben und uns vom Evangelium prägen lassen, werden wir bei Gott Gefallen finden. Und wir entsprechen dem, was uns Maria immer wieder nahelegt: dem Aufruf umzukehren.

Vollkommen sein

„Ihr sollt vollkommen sein, wie es auch euer himmlischer Vater ist" (Mt 5,48).

Würden wir einzig und allein versuchen, in der Liebe zu Gott und zu den Mitmenschen vollkommen zu sein, so hätten wir alle Gebote erfüllt.

Vollkommen sein in der Liebe zu Gott heißt: seine Gebote beachten und ganz aus jener Liebe leben, die der Heilige Geist in unsere Herzen ausgegossen hat (vgl. Röm 5,5) und die uns gleichsam zu kleinen Sonnen neben der Sonne macht. Wir wissen: „Gott ist die Liebe" (1 Joh 4,8.16), und wir sind seine Kinder. Wir sind berufen, Liebe zu sein, Jesus ähnlich zu werden und auch seiner Mutter, ja „vergöttlicht" zu werden, heißt es doch in der Schrift: „Ihr seid Götter" (Joh 10,34; vgl. Ps 82,6).

Vollkommen sein in der Liebe zu den Mitmenschen heißt: eine Liebe zu ihnen haben, die in uns alle christlichen Tugenden hervorbringt – höchste Armut, ungetrübte Reinheit, ehrliche Demut, Beharrlichkeit bis ans Ende, freudige Geduld ...

Liebe zu allen Menschen haben, nicht nur zu denen, die uns begegnen, das heißt: die Schönheit aller Berufungen in der Kirche wahrnehmen, das Positive in allen Völkern entdecken und beitragen zum Frieden und zur universellen Geschwisterlichkeit.

Vollkommen sein in der Liebe heißt: den inneren Reichtum der verschiedenen Kirchen schätzen und die guten Bestrebungen aller Menschen verstehen, auch derer, die Christus nicht kennen. Vielleicht bereitet dies den Boden, daß sie die Fülle der Wahrheit finden.

Vollkommen sein in der Liebe heißt: Herz, Hand und Mund dem Heiligen Geist zur Verfügung stellen, der durch uns Menschen nah und fern Hoffnung schenken, Wunden heilen und viele zu Gott führen kann.

Er will uns alles geben

„Vater, ich will, daß alle, die du mir gegeben hast, dort bei mir sind, wo ich bin. Sie sollen meine Herrlichkeit sehen, die du mir gegeben hast, weil du mich schon geliebt hast vor der Erschaffung der Welt. Gerechter Vater, die Welt hat dich nicht erkannt, ich aber habe dich erkannt, und sie haben erkannt, daß du mich gesandt hast. Ich habe ihnen deinen Namen bekannt gemacht und werde ihn bekannt machen, damit die Liebe, mit der du mich geliebt hast, in ihnen ist und damit ich in ihnen bin" (Joh 17,24-26).

Christus will uns den Himmel schenken; wo er ist, sollen auch wir sein. Er möchte uns seine ewige Herrlichkeit schauen lassen.

Er ruft den Vater an, erinnert ihn an seine Gerechtigkeit, und so bittet er – nicht für die Welt, die ihn nicht erkannt hat, sondern für uns – um die gleiche Liebe, mit der ihn der Vater liebt.

Ein abgrundtiefes Geheimnis. In den Abschiedsreden offenbart Jesus seine Göttlichkeit deutlicher als je zuvor. Es scheint ganz und gar ein innergöttliches Gespräch zu sein. Doch zugleich spürt man das Herz des Freundes, des Bruders, des Lehrers, des Vaters, der den Seinen *alles* gibt, was er geben kann: Teilhabe an seinem Gottsein.

Anfang – nicht Ende

Mit Gottes Hilfe will ich mich nicht damit begnügen, daß ich mich eines Tages mit der Todesangst und dem Sterben „abfinden" muß.

Gewöhnlich werden die Kranken und die Sterbenden als eine Gruppe für sich betrachtet. Sie scheinen eingetaucht in eine ganz besondere, vielleicht auch vom Glauben geprägte Atmosphäre. Doch warum eigentlich sollte man nicht *immer* so leben, als wäre es der letzte Tag, die letzte Stunde?

Vor seinem Sterben hat Christus gesagt: „Vater, ... verherrliche deinen Sohn" (Joh 17,1). Es war für ihn also ein Anfang, nicht das Ende. Petrus spricht in ähnlichem Sinn vom „nie verwelkenden Kranz der Herrlichkeit" (1 Petr 5,4), der uns erwartet.

In diesem Bewußtsein leben, das ist Christsein. So möchte ich die Schmerzen, die mir der heutige Tag bringt, annehmen als Vorstufen zur letzten Prüfung, zum Sterben, dem letzten Kampf. In ihnen kann ich mich jetzt schon üben in Geduld, Ausdauer und Gottvertrauen, um in Liebe das Kreuz anzunehmen, das mich einst zur Herrlichkeit führen wird.

WIE MARIA

Sich an Maria zu orientieren heißt auch, den Gekreuzigten vor Augen zu haben und sich von ihm prägen zu lassen.

Gerade in Zeiten, in denen wir innerlich leiden, sind wir geneigt, nach vordergründigen Erklärungen zu suchen. Wenn wir statt dessen, soweit es uns möglich ist, unser Ja sagen, führt uns das tiefer, vielleicht sogar zur Erfahrung der besonderen Nähe Gottes.

Christsein ohne Kreuz – das geht nicht. Das Kreuz wird uns, nach einem Wort Montforts, in den Himmel vorangehen; durch das Kreuz wird uns die Herrlichkeit zuteil, es macht uns zu „rechtmäßigen Gliedern" am Leib Christi.[9] Am Kreuz zeigt sich, wie tief die Liebe reicht. Wir können nicht Söhne und Töchter Gottes heißen, wenn wir nicht ihm, dem Sohn Gottes, der uns am Kreuz erlöst hat, ähnlich sind. Im Kreuz finden wir festen Halt und Schutz in allen Stürmen, Beständigkeit und sicheres Geleit. Im Kreuz ist die wahre Weisheit, auch wenn die Welt es für Torheit hält. Durch das Kreuz werden wir geläutert, um das Reich Gottes in die Welt tragen zu können. Das hat seinen Preis, wie es uns etwas kostet, den Boden zu bereiten, damit Christus unter uns lebendig ist.

Unser Herz soll voller Liebe sein: voll Liebe zu Maria, die unser Vorbild ist; voll Liebe zum Kreuz, das uns den Weg weist. Dann werden die Menschen heute in uns gewissermaßen Maria begegnen, und wir werden offen für das, was Gott an uns und durch uns tun will.

Gott möchte, daß wir der Not und dem Bösen ins Auge schauen und helfen, es zu überwinden. Wir sollen Menschen werden, die mit Christus, der uns erlöst hat, nicht für die Gesunden, sondern für die Kranken, nicht für die Gerechten, sondern für die Sünder und Fernen da sind.

Unsere Berufung

Im Johannesevangelium heißt es: „Allen ..., die ihn aufnahmen, gab er Macht, Kinder Gottes zu werden, allen, die an seinen Namen glauben, die nicht aus dem Blut, nicht aus dem Willen des Fleisches, nicht aus dem Willen des Mannes, sondern aus Gott geboren sind" (Joh 1,12f).

Vielleicht denken wir zu wenig an unsere Berufung als Christen. Vielleicht leben auch wir als Kinder „des Fleisches", die aus menschlichem Willen geboren sind, und geben zu wenig Zeugnis davon, wie unvergleichlich anders ein Kind Gottes ist. Vielleicht begreifen wir nicht recht, was geschehen ist, als wir dem menschgewordenen Wort begegneten und zum Glauben kamen: Wer an seinen Namen glaubt, ist „aus Gott geboren", wird Kind Gottes.

Wie dankbar können wir Gott sein für eine solche Berufung! Und welche Verantwortung liegt darin, die Botschaft vom Heil andern weiterzusagen.

Begegnung mit ihm

„Lamm Gottes" (Joh 1,36) wird Christus von Johannes genannt. Schon vor Jesu öffentlichem Auftreten sieht der Täufer in ihm das Opfer, das Gott selbst sich erwählt hat.

Von jedem Christen sollte, ja müßte man ähnliches sagen können. Denn wir sind geboren, um eine lebendige Opfergabe zu sein, mit Christus zu sterben, um dann mit ihm an seiner Herrlichkeit teilzuhaben. Wie eine Braut ihren Bräutigam sollten wir die Begegnung mit ihm erwarten. Für alle kommt die Stunde des Abschieds, für die meisten wie ein Dieb in der Nacht, zu einer Stunde, in der sie es nicht erwarten (vgl. Lk 12,35ff). Sinnvoll wäre, bewußt auf diese Stunde hin zu leben und Augenblick für Augenblick entsprechend zu handeln. Dadurch gewinnt das Leben seine wahre Bedeutung.

Zweifellos ist es gut und richtig, die Voraussetzungen für eine bessere Welt zu schaffen, am besten durch die Verbreitung christlichen Lebens. Nicht zuletzt um der kommenden Generationen willen, die wir ja auch lieben möchten, wie Christus es uns aufgetragen hat. Doch was uns selbst betrifft, so müssen wir stets wachsam sein, offen für den Ruf, in das Leben, in das Reich einzugehen, das nicht von dieser Welt ist.

Mein Herr,
welches Geheimnis ist doch dieses Leben,
das du uns geschenkt hast.
Was für eine Prüfung – der Tod – gehört dazu,
damit es sein Ziel, die Heimat, erreicht.

Ich danke dir,
daß du Mensch geworden bist,
um uns den Weg zu zeigen,
um selbst für uns Weg zu werden.
Hineinverloren in dich,
werden wir immer im Licht sein –
selbst inmitten der dichtesten Finsternis.

Ich danke dir,
daß du Mensch geworden bist,
daß du gelebt hast und gestorben bist
für uns (vgl. Röm 5,8), für mich.
Ja, gestorben.
Wärest du nicht gestorben,
wie könnten wir
den Gedanken an den Tod ertragen?
So aber werden wir
auch in diesem letzten Augenblick
an dich denken und mit dir sterben.

Wenn Jesus in seinem Sterben für uns zum Leitbild würde, könnte daraus ein ungeahnter Strom des Lebens für viele werden.

OHNMÄCHTIG DABEISTEHEN

Maria zu lieben und ihr ähnlich zu werden, kann vieles bedeuten. Betrachten wir nur, wie sie unter dem Kreuz steht und ihren Sohn verliert (vgl. Joh 19,25ff). Auch wir müssen manchmal alles, was wir haben und sind, in Gott hineinverlieren, um es zu gegebener Zeit gereift und gewachsen wiederzufinden. Auch uns kann es ähnlich ergehen wie ihr: Ohnmächtig stehen wir vor einem Menschen, der gleichsam gekreuzigt ist; wir können ihm weder das innere noch das körperliche Leid abnehmen, das ihn an den Rand der Verzweiflung führt. Am liebsten würden wir selbst an seiner Stelle leiden, doch untätig müssen wir miterleben, „wie das Weizenkorn stirbt". Es bleibt nur die Zuversicht, daß es keimt und Frucht bringt (vgl. Joh 12,24f).

Jetzt aber stehen wir machtlos dabei und leiden mit. Für den Leidenden, den wir lieben, ist dies kein Trost, doch gewiß gelangt unser Mitleiden geradewegs zu Gott – als inständige Bitte um Erbarmen mit uns, die wir, jeder auf seine Weise, das Leben hergeben.

Ohnmächtig dabeistehen ...
Maria, du bist unsre Mutter und kennst uns.
Du kennst solchen Schmerz.
Schenke Erleichterung dem, der leidet.
Hilf du, daß die Stunde der Erlösung bald kommt.

Wenn das Leben hart ist

Jesus lädt uns ein: „Kommt alle zu mir, die ihr euch plagt und schwere Lasten zu tragen habt. Ich werde euch Ruhe verschaffen" (Mt 11,28). Diese Worte tun gut. Die Evangelien, die Bücher der Heiligen Schrift sind auch Bücher des Trostes, und es wäre falscher Stolz, ja unmenschlich, dies zu bestreiten ...

Geben wir ruhig zu, daß wir alle leiden, daß das Leben hart ist. Ruft dieser Schmerz nicht nach einem Tröster?

Ja, das Leben ist hart; doch Gott, der Liebe ist, weiß es. Er schenkt Hoffnung und trägt Sorge für uns – von jeher: Denken wir nur an die Verheißung des Messias und an sein Kommen in der Fülle der Zeiten. Wer glaubt, findet darin Antwort, die Härte des Leben wird mehr als aufgewogen.

Er muss wachsen

„Wer die Braut hat, ist der Bräutigam; der Freund des Bräutigams aber, der dabei steht und ihn hört, freut sich über die Stimme des Bräutigams. Diese Freude ist nun für mich Wirklichkeit geworden. Er muß wachsen, ich aber muß kleiner werden" (Joh 3,29f).

Dieses Wort des Täufers Johannes leitet seinen letzten Auftritt im Johannesevangelium ein. Es ist ein beeindruckendes Wort, das eine Art christliches Lebensprogramm sein könnte. Hier zeigt sich die Größe des Johannes, der schon im Mutterleib geheiligt war (vgl. Lk 1,15). An ihm, der mit Wasser taufte und damit auf die Taufe mit dem Heiligen Geist hinwies, handelte Gott auf besondere Weise. Wie wirkt Gott doch in seinen Heiligen!

„Er muß wachsen, ich aber muß kleiner werden": ein Wort, das mich innehalten läßt. Es soll mich eine Zeitlang begleiten, mein Leben prägen. Doch wie? – „Verlieren können" wäre ein passendes Motto: mich im gegenwärtigen Augenblick von allem lösen, was nicht dem Willen Gottes entspricht.

Der von oben kommt

„Er, der von oben kommt, steht über allen; wer von der Erde stammt, ist irdisch und redet irdisch" (Joh 3,31).

Das ist der Unterschied zwischen Jesus und uns: Er ist von Gott ausgegangen. „Er kommt aus seines Vaters Schoß", singen die Christen zu Weihnachten: Jesus bringt uns den Himmel auf die Erde.

Und er spricht von dem, was er gesehen und gehört hat. Seine Worte sind unvergänglich, Worte ewigen Lebens.

Wie gut tun wir daran, sein Wort im Herzen zu bewahren, Tag für Tag. Welch große Gelegenheit, die Worte des Himmels auf Erden zu leben.

Ohne Unterschied

„Wenn du wüßtest, worin die Gabe Gottes besteht und wer es ist, der zu dir sagt: Gib mir zu trinken!, dann hättest du ihn gebeten, und er hätte dir lebendiges Wasser gegeben" (Joh 4,10).

So antwortet Jesus auf die Frage einer samaritischen Frau. Eine erstaunliche Antwort angesichts der Spannungen zwischen Juden und Samaritern. Es ist faszinierend, *wie* Jesus antwortet; unwillkürlich werden die Gedanken von der Erde zum Himmel gelenkt. Offenbar brennt Jesus darauf, den Menschen das Größte und Schönste, das er ihnen bringen will, weiterzugeben: die „Gabe Gottes". Er möchte, daß die Menschen das „lebendige Wasser" empfangen und den kennenlernen, der es ihnen schenkt ...

Wie wenig verstehen wir von der Größe Christi, wenn wir das Evangelium nicht mit Liebe lesen ... Oft machen wir uns eigene Vorstellungen von ihm, die womöglich von einer verengten und überholten Frömmigkeit geprägt sind. Im Evangelium hingegen steht er als der vor uns, der er ist: Gott und Mensch. Immer wieder offenbart er sich als Gott ..., als einer, der spricht, der unterwegs Müdigkeit verspürt, der Jünger um sich schart ... Jesus ist der Gott-Mensch.

Und noch etwas anderes zeigt uns seine Antwort an die samaritische Frau. In dem Gespräch kommt die Rede auf den Messias. Jesus sagt zur Samariterin: „Ich bin es, ich, der mit dir spricht" (Joh 4,26). Vor dieser Antwort wird man ganz still. Ausgerechnet dieser Frau vertraut Jesus sein Geheimnis an. Er macht keine Unterschiede zwischen den Menschen. Jeder, wer es auch sei, verdient Achtung und Vertrauen. Die Samariterin hatte viele Männer, und der, den sie gerade hat, ist nicht ihr Mann (vgl. 4,18) – und gerade ihr offenbart sich Jesus als der Messias. Er sagt es so erhaben und so einfach zugleich, wie nur Gott es vermag: „Ich bin es, ich, der mit dir spricht", ich, der ich mit Fleisch und Blut vor dir stehe, keine Erscheinung, kein Fremder, sondern ich hier ...

Jesus, wie gerne wäre ich damals dabeigewesen, um dich zu sehen, deine Augen, deine Gestalt, deine Gebärden, deine Haltung!
    Einige Jahre werde ich wohl noch warten müssen, bis ich dich im Paradies sehen kann. Unverzüglich will ich beginnen, mich darauf vorzubereiten, wohlwissend, daß ich hier noch geläutert werden muß. Der Himmel erwartet uns! Gib, Herr, daß ich mich immer spontan danach ausstrecke. Dann wäre ein großes Ziel erreicht.

Eine Entdeckung

Wenn ich manchmal unsicher umherirre, mich nicht mehr fest verankert weiß, wenn ich zwar ein Leben im Dienst Gottes führe, aber im Zweifel bin, ob ich wirklich ganz Gott gehöre, dann leide ich darunter und fühle mich wie jemand, der auf bewegter See umhertreibt.

Ich suche dich, meinen Gott, suche nach einem Weg, wie du mein Ein und Alles werden kannst, ohne daß dir mein Ich im Wege steht: dieses lästige, beschwerliche Ego, von dem es einfach keine Befreiung zu geben scheint.

Dann aber erinnere ich mich wieder an eine Entdeckung, die mir die feste Zuversicht gab, den Weg der Heiligung gehen zu können: Ich denke an Maria unter dem Kreuz und halte mich an dieses Urbild im Streben nach christlicher Vollkommenheit. So will ich mehr denn je diesem Lebensideal folgen, um Gottes Werk entschlossen voranzubringen, um nicht die Orientierung zu verlieren und den Hafen sicher zu erreichen.

OFFEN FÜR DEN HEILIGEN GEIST

Immer wieder müßten wir dir danken,
Heiliger Geist,
und wir tun es so wenig!
Zwar wenden wir uns oft an Christus und den Vater,
mit denen du ganz eins bist,
aber das rechtfertigt unsere Unterlassung nicht.
Wir wollen in deiner Nähe sein ...
Denn du ermutigst die Verlassenen,
bist unser innigster Freund,
läßt uns wieder aufleben.
Du bist Licht, Freude, Harmonie.
Du reißt die Menschen mit,
bringst Schwung und Tiefe in unser Leben.
Du hilfst uns, entschlossen und mit ganzem Einsatz
nach Vollkommenheit zu streben.
Was alle gutgemeinten Worte auf der Welt
nicht erreichen können,
das bewirkst du:
unsere Heiligung.

Heiliger Geist,
du bist so zurückhaltend und läßt uns die Freiheit.
Zwar bist du auch stürmisch und mitreißend,
doch wehst du wie ein linder Wind,
den nur wenige wahrnehmen.
Schau auf uns,
sieh, wie schwerfällig wir sind!
Mach uns offen für dich.

Kein Tag soll vergehen,
an dem wir dich nicht anrufen, dir danken,
dich anbeten und lieben
und auf deine Stimme hören.
Darum bitten wir dich.
Und schließ uns ein
in dein großes Erbarmen,
besonders in der Stunde der dichtesten Finsternis,
wenn dieses Leben erlischt
und wir in das ewige Leben eingehen.

WER HAT MEHR GESEHEN?

Die Auferstehung ... Als Johannes und Petrus zum leeren Grab kamen, sahen sie die Leinenbinden und daneben das Schweißtuch (vgl. Joh 20,3ff). Maria von Magdala aber „stand draußen vor dem Grab und weinte" (20,11). Dann sah sie zwei Engel, dort, wo der Leichnam Jesu gelegen hatte. Sie sprach mit ihnen, und als sie sich umwandte, sah sie Jesus (vgl. 20,12ff).

Die Apostel haben Jesus nicht gesehen, obwohl der eine von ihnen – gewiß auch wegen seines lauteren Wesens – von Jesus besonders geliebt wurde. Maria, die Sünderin, hingegen sah die Engel und Jesus.

„Selig, die ein reines Herz haben; denn sie werden Gott schauen" (Mt 5,8). Es war Maria von Magdala, die mehr geschaut hat – warum? Die Tränen, die sie vergoß, das Warten am Grab: Zeichen einer Liebe, die alles glaubt und ersehnt; ihre Sorge um Jesus, die im Gespräch mit den Engeln und mit dem vermeintlichen Gärtner zum Ausdruck kommt: all das hatte sie vielleicht mehr als die anderen geläutert, so daß sie die Engel und den auferstandenen Herrn sehen durfte.

Hier erkennt man, was die Auferstehung bedeutet: Die Schuld ist getilgt, der Tod besiegt, die Sünde versunken im mächtigen Strom der Barmherzigkeit, der vom Kreuz ausgeht.

Sehnsucht nach dem Himmel

Manchmal, wenn uns die Last des Lebens bedrückt, erfaßt uns eine Sehnsucht nach dem Himmel. Doch sogleich lädt uns eine innere Stimme ein, uns zu sammeln, uns allein vor den ewigen Gott zu stellen und, von ihm getröstet, unser Leben hier bereitwillig fortzusetzen, wie und solange es ihm gefällt.

In solchen Augenblicken weiß man sich wie ein Kind bei der Mutter geborgen, es fehlt einem nichts mehr. Da findet man wieder Kraft, ja versteht sogar, daß es gar nicht gut wäre, jetzt schon dorthin zu gehen, wo die Güte Gottes uns ewige Freude bereithält. Es wäre auch nicht gerecht; denn auf das Leben bei ihm müssen wir uns vorbereiten.

Wie Blumen unter der Frühlingssonne aufblühen, erwachen unsere Vorsätze: Mutig und entschlossen wollen wir uns allem stellen, was tagtäglich auf uns zukommt. Wir erneuern unsere Entscheidung, in der uns geschenkten Zeit als Christen auf unsere Vollendung hin zu leben. Wir versuchen uns an Worte und Gedanken zu erinnern, aus denen wir in der Vergangenheit Kraft geschöpft haben, greifen ein Wort heraus und machen es uns zu eigen als Leitwort und Losung – zumindest für den heutigen Tag.

Eine gemeinsame Basis

„Ihr seid das Licht der Welt ...; es leuchtet allen, die im Hause sind" (Mt 5,14f). Das ist Christentum: Licht der Welt – für *alle*.

„Ihr seid das Salz der Erde" (Mt 5,13). Wenn wir als Christen so leben, wie der Herr es wünscht, bleibt dieses Leben nicht auf uns beschränkt. Ohne daß wir es bemerken, wird es sich ausbreiten und die Erde „würzen".

Diese faszinierenden Worte Jesu weisen uns darauf hin, was er uns gebracht und hinterlassen hat.

Heute scheint die Welt mehr als früher empfänglich für das Licht des Evangeliums. Wir machen uns kaum eine Vorstellung davon, wieviel christliches Gedankengut in Gesetze, Gewohnheiten und Verhaltensweisen in aller Welt eingeflossen ist. Müssen wir nicht all das Christus zuschreiben?

Die Werte der Solidarität, der Gleichheit, der Toleranz, der Einsatz für eine bessere Stellung der Frau, die Achtung der menschlichen Person – dies alles findet auch in Ländern außerhalb der christlichen Tradition Widerhall. Und das ist nicht bloß einigen weitsichtigen Politikern zu verdanken. Es ist auch ein Einfluß des Christentums, dessen Reichweite freilich niemand genau bestimmen kann.

Diese Beobachtungen geben Anlaß zu der Hoffnung, daß wir dem Anliegen Jesu „Alle sollen eins sein ..." (Joh 17,21) ein wenig näherkommen. Und wir begreifen, wie weise die Kirche handelt, wenn sie den Dialog mit der Welt, mit den Religionen sucht. Bei einem Großteil der Menschheit finden wir ja eine gemeinsame Basis: eine Frucht des Christentums, das wie Salz die ganze Erde würzt.

Wenn einer etwas gegen dich hat

„Wenn du deine Opfergabe zum Altar bringst und dir dabei einfällt, daß dein Bruder etwas gegen dich hat, so laß deine Gabe dort vor dem Altar liegen; geh und versöhne dich zuerst mit deinem Bruder, dann komm und opfere deine Gabe" (Mt 5,23f).

Gottesdienst und die Liebe zueinander, die immer wieder zur Einheit führt, dürfen auf keinen Fall auseinanderdividiert werden. Eine Gruppe von Christen, die nicht in Christus und in voller Gemeinschaft ist, kann nicht so Gottesdienst feiern, wie es dem Evangelium entspricht.

Das Zweite Vatikanische Konzil hat uns neu den Sinn für die Einheit in der Gemeinde ins Bewußtsein gerufen. Auf vielerlei Weise hat der Heilige Geist uns die Frohbotschaft der Liebe wiederentdecken lassen. Und das war unbedingt nötig. Denn nicht ohne Grund haben wir Christen in der Vergangenheit die Liturgie oftmals nicht in ihrer ganzen Bedeutung verstanden. Überwiegend von einer individuellen Frömmigkeit geprägt, haben wir die gegenseitige Liebe in der Gemeinde wenig betont. Sicher war ein gewisses Verständnis für das Geheimnis der großen liturgischen Handlungen vorhanden, doch vieles blieb unverstanden, manches erschien als leere Form. So geschieht es, wenn die eigentliche Kraft des Christentums, die Liebe, nicht zum Tragen kommt.

Es läßt sich nur erahnen, welche reiche liturgische Erfahrung ein wahrhaft geeintes Gottesvolk hervorbringen könnte. Die Kirche würde in ihrer ganzen Schönheit aufleuchten und wie Jesus zu seiner Zeit viele Menschen anziehen.

VIELE ... EINS

Der Apostel Paulus reist umher, predigt und gewinnt neue Christen. Schließlich wird er fast immer verjagt; doch paradoxerweise tragen gerade diese Verfolgungen zur Verbreitung der Frohen Botschaft bei. Ähnlich verhält es sich offenbar mit allen Werken Gottes.

Wo immer Paulus hinkommt, versucht er möglichst viele Menschen anzusprechen, hinterläßt aber nur eine kleine Gruppe von Christen. Um sie kümmert er sich auch weiterhin, durch Briefe und Mahnschreiben, durch kurze Besuche oder längere Aufenthalte. Wichtig ist nicht zuletzt die Einsetzung von Verantwortlichen in den Gemeinden, die sein Werk weiterführen. Wenn Paulus in bestehende Gemeinden zurückkehrt, berichtet er den dortigen Christen, was der Herr anderswo durch ihn gewirkt hat – und alle geben Gott die Ehre.

Hier zeigt sich, wie wichtig die Kommunikation, der Nachrichtenaustausch unter Christen ist. Es gehört ebenso zu einem authentischen Christsein wie beispielsweise das Wirken nach außen. Christen verwirklichen das Wort: „viele Glieder ... ein einziger Leib" (1 Kor 12,12).

Schwer zu fassen

Etwas, was die Welt nie verstehen wird, ist die geistliche Fruchtbarkeit gottgeweihter, jungfräulich lebender Menschen.

Wie Gott eine Jungfrau erwählt hat, Mutter Jesu zu werden, so erwählt er jungfräuliche Menschen, den Boden für Christi Ankunft in den Herzen der Menschen zu bereiten.

Eine wahre Jungfrau ist in geistiger Weise Mutter von vielen. Und diese Mutterschaft ist vor Gott noch weit kostbarer als die natürliche. Freilich ist zu bedenken, daß es die Liebe zu Gott ist, die jungfräulich macht. Darum kann jeder im geistigen Sinne Mutter oder Vater werden: auch eine Familienmutter, ein Vater, junge wie alte Menschen, Verlobte ... – jeder. Er muß nur Gott lieben und ihn über alles stellen; er muß nur dem Heiligen Geist Raum geben, damit er in ihm die Liebe in rechter Weise entfaltet. Dann tun sich ungeahnte Möglichkeiten für die Ausbreitung des Reiches Gottes in der Welt auf.

NICHT STEHENBLEIBEN

So mancher gläubige Mensch erwägt einmal den Schritt, sein Leben ganz Gott zu schenken. Und vielleicht sind es viele, die sich tatsächlich dazu entschließen.

Sobald Gott aber dieses Angebot annimmt und damit beginnt, den Menschen zu läutern, sobald Prüfungen kommen, ohne die jedes geistliche Leben unfruchtbar bleibt, ziehen sich viele zurück.

So kann Gott sich nicht mit uns vereinen und wir uns nicht mit ihm. Die Heiligung unseres christlichen Lebens steht auf dem Spiel und damit auch die vieler anderer.

Die Messe, die wir mit unserem ganzen Leben feiern müssen, kann nicht bei der Gabenbereitung stehenbleiben. Sie verlangt die Erhöhung am Kreuz und das Verzehrt-Werden. Denn erst beim heiligen Mahl gehen wir in Gott ein und er in uns. Und nur wo Gott ist, da ist Heiligkeit.

Nur eine Konsequenz

„Verflucht der Mann, der auf Menschen vertraut ... Gesegnet der Mensch, der auf den Herrn sich verläßt" (Jer 17,5.7).

Wir brauchen mehr Gottvertrauen. Darum sollten wir die unnützen Selbstgespräche beenden und das Gespräch mit dem Herrn suchen, ein tiefes, inniges Gespräch. Ihm können wir anvertrauen, was wir sind und was wir haben.

Von Tag zu Tag soll das Vertrauen in uns stärker werden. Ist es nicht auch das Vernünftigste, auf Gott zu bauen? Aber die Freiheit, die Gott uns geschenkt hat, überläßt uns selbst die Entscheidung, ob wir an die Liebe, an Gott, glauben oder nicht. Dem, der glaubt, erscheint die Alternative absurd. Denn wenn es Gott gibt und wenn sein Wesen Liebe ist, dann gibt es nur eine Konsequenz: ganz auf ihn zu vertrauen.

WEITER SEHEN

Es gibt Menschen, die ohne großes Wissen – selbst ohne besondere religiöse Kenntnisse – heilig geworden sind. Sie kannten nur ein einziges Buch: den Gekreuzigten. Wie läßt sich das verstehen?

Sie haben sich nicht damit begnügt, über den Gekreuzigten nachzusinnen, ihn zu verehren oder seine Wunden zu betrachten. Er selbst nahm in ihrem Leben Gestalt an.

Wer im Dunkel steht und leidet, sieht weiter als einer, der nicht leidet: Die Sonne muß untergehen, damit man die Sterne sieht.

Im Leiden lernt man, was sich auf keine andere Weise erlernen läßt. Das Leid hat den höchsten Lehrstuhl inne, ist Lehrer der Weisheit. Wer aber die Weisheit hat, ist selig (vgl. Spr 3,13). „Selig die Trauernden; denn sie werden getröstet werden" (Mt 5,4) – nicht erst im Jenseits, sondern schon hier, durch einen Einblick in „Dinge des Himmels".

Den Leidenden muß man heute mit derselben, ja mit noch größerer Ehrfurcht begegnen als einst den Alten, von denen man Weisheit erwartete.

Herz eines Menschen

Christus, der beim Vater ist, besitzt nicht nur als Gott, sondern auch als Mensch die Fülle der Seligkeit. Da er sich mit uns Menschen eingelassen hat und unser Bruder geworden ist, muß er sich wohl wünschen, daß wir – wie seine Mutter – zu ihm gelangen, an den Platz, den er uns zugedacht hat.

Was das Herz eines Gottmenschen bewegt, läßt sich zwar letztlich nicht begreifen, aber dieses Herz, das im Himmel weiterschlägt, muß von unsäglicher Glut und Zuversicht, von höchstem Feingefühl, von unerschöpflicher, lebendiger Liebe erfüllt sein. Doch oft verkennen wir die Tiefe und Schönheit unseres Glaubens, und wir verehren das Herz Jesu auf allzu naive Weise. So kann die Welt von heute keinen Zugang dazu finden; so kann es nicht mehr verstanden werden in einer Zeit großer Entdeckungen und weltweiter Herausforderungen. Und doch ist dieses Herz wie eine Sonne gerade für unsere Welt und für die ganze Menschheit.

Diesem Herzen sollen wir vertrauen. Niemals wird es jemanden enttäuschen; es ist die größte Hoffnung für uns sterbliche Menschen, ein Licht für jeden, das auch die dunklen Momente im Leben erhellt.

Antwort des Herzens

Voll Freude dachte ich daran, mit welchem Herzen Jesus, der verherrlichte Herr, der in der Kommunion zu uns kommt, uns liebt ... Unwillkürlich fragte ich mich, wie ich auf diese Liebe antworten könnte, und ich dachte: *Ein liebendes Herz verlangt eine Antwort des Herzens.*

Mit der Liebe meines Herzens auf die seine antworten, von Herz zu Herz: Das sei meine Losung für heute, für jeden Tag, solange Gott will.

Für mich bedeutet dies, mir den Grundsatz des „Verlierens" ohne Abstriche zu eigen zu machen, um ganz leer und offen für den Heiligen Geist zu sein. Denn nur er in mir ist imstande, Jesu Herz gebührend zu lieben. So möchte ich alles zur Seite legen, stets alles verlieren, auch die schönsten und heiligsten Dinge. Ich darf sie zwar lieben, doch sie sind nicht Gott.

Nicht um sich selbst kreisen

Uns kann die Frage beschäftigen: Wie stehe ich vor Gott? Was trübt die Klarheit meiner Beziehung zu ihm? Und sollte ich auch meinen, bewußt weder schwerwiegende noch kleine Sünden begangen zu haben: wie nichtig bin ich doch im Vergleich zu dem, der die Vollkommenheit selbst ist!

Wer könnte schon darüber urteilen? Vielleicht ist nur dieses eine sinnvoll: nicht um sich selbst kreisen, nicht an sich denken, sondern den Blick auf Gott allein richten, auf seinen Willen, auf Christus in den Schwestern und Brüdern; beständig „weg von sich" sein, nicht an die eigene Heiligung denken, sondern ihn, den Heiligen, suchen. Denn darin besteht die Liebe und die echte Heiligung.

Auch diesmal kann uns der Gedanke an Maria unter dem Kreuz helfen: Sie hat alles verloren, war frei von sich selbst. Ganz und nur von Gott erfüllt, der ihre totale Selbsthingabe mit seiner Fülle beschenkte, ist sie uns Vorbild auch in diesem Bemühen, sich selbst zu „vergessen" und in Gott zu leben.

JENES KIND

Herr, wenn wir dich in unserem Innern suchen,
wenn wir dich in der Gestalt des Brotes anbeten,
wenn wir mit dir, dem Herrn der Welt, sprechen
und dir danken für das Leben,
wenn wir zu dir kommen
mit dem Schmerz über unsere Fehler
und dich um Hilfe bitten –
immer stehst du als Erwachsener vor uns.

Zu Weihnachten aber zeigst du dich jedes Jahr
als Kind, neugeboren in einer Krippe.
Da werden wir still vor Staunen,
unsere Bitten verstummen:
Wir wollen dir nicht zur Last fallen,
denn ungeachtet deiner Allmacht
zeigst du dich als Kind.

Schweigend beten wir an das Geheimnis,
wie Maria damals,
als die Hirten kamen und erzählten,
was sie gehört und gesehen hatten.
Maria „bewahrte alles, was geschehen war,
in ihrem Herzen und dachte darüber nach" (Lk 2,19).

Weihnachten:
Immer wieder erscheint uns dieses Kind
als eines der tiefsten Geheimnisse des Glaubens:
unscheinbarer Beginn der machtvollen Offenbarung
von Gottes barmherziger Liebe.

Unverkennbar

Einem Menschen, der ein heiligmäßiges Leben führt, begegnet man nicht alle Tage. Doch wenn ein solcher Mensch vor uns steht, wird geradezu sichtbar, was Heiligkeit ist. Sie zeigt sich in der Sammlung, mit der er betet und Gottesdienst feiert, an der Art, wie er sich bewegt. Sein Gesicht strahlt unverkennbar etwas davon aus; es spiegelt seine lebendige Beziehung zu Gott. Und wenn er einem anderen begegnet, versetzt er sich in dessen Lage, teilt seine Last, sein Leid oder seine Freude – aus Liebe.

„IHR SEID GÖTTER"

Jungfräulich sein – wie Gott es will – meint nicht so sehr oder nicht nur eine bestimmte Lebensform. Es bezeichnet vor allem eine innere Haltung: nicht für sich selbst dasein, um ganz für Gott dazusein.

Wer so lebt, ist ganz lauter, transparent. Wie Maria, die nicht an sich dachte, sondern allein an Gott, an Christus, an seinen mystischen Leib, die Kirche.

Jungfräulich sein – wie Gott es will – meint also nichts anderes als „Liebe sein":

Liebe, die wie ein Feuer alles erfaßt,

Liebe, die Teilhabe am Leben Gottes ist, der selbst die Liebe ist, vollkommene Hingabe der göttlichen Personen aneinander. Hier zeigt sich, was das Wesen der Jungfräulichkeit ist.

Jungfräulich lebt ein Mensch, der auf seinem Weg allein mit Gott vorangeht, ohne sonstige Stütze. Gerade darin findet er Halt: Wenn er sein ganzes Vertrauen einzig und allein auf Gott setzt, kommt Gott selbst ihm zu Hilfe und ist seine Kraft.

Auf niemanden trifft das Schriftwort „Ihr seid Götter" (Ps 82,6; Joh 10,34) mehr zu als auf jungfräuliche Menschen, die im Dienst des Gottesreiches stehen. Sie sind „vergöttlicht", indem sie – soweit es ihnen möglich ist – am Leben Gottes teilhaben.

Spürbare Liebe

Wem innerlich aufgegangen ist, daß im Himmel ein Herz für uns schlägt – Jesu Herz –, der kann mit Gottes Gnade geistliche Erfahrungen machen, die neu für ihn sind.

Kommt er in die Kirche und bekundet er Jesus seine Liebe, spürt er, daß es nicht nur Worte sind, auch nicht nur ein Willensakt. Es kommt aus dem Herzen, ist Ausdruck menschlich-göttlicher Leidenschaft. Wir können Gott nur danken, daß er uns solche Empfindungen schenkt!

Möge Jesus, der vor Liebe brennt, in unserem Herzen sein Feuer schüren, möge er die kostbare Gabe der Liebe darin wachhalten: jene tiefe Liebe zu Gott, die der Herr selbst in einem Menschen weckt.

Dann ist unser Leben erfüllt; nichts fehlt uns. „Von Herz zu Herz", solange die Liebe brennt. „Von Herz zu Herz" aber auch in Zeiten innerer Trockenheit und Verlassenheit: Dann ruft das verlassene Herz des Gekreuzigten nach unserem verlassenen Herzen.

Nun vermag man das bekannte Gebet besser nachzuvollziehen und von innen her mitzusprechen: „Heiliges Herz Jesu, gib, daß ich dich immer mehr liebe!"

Verloren?

Wenn ein Freund oder Verwandter stirbt, pflegen wir zu sagen: „Er hat uns verlassen, wir haben ihn verloren." Doch so ist es nicht. Wenn wir so denken, wo ist da der Glaube an die Gemeinschaft der Heiligen?

Niemand geht uns verloren, der zu Gott geht. „Sein Leben ist gewandelt, nicht genommen"[10], und all seine Liebe, das wirklich Wertvolle, bleibt. Ja, alles andere mag vergehen, selbst Glaube und Hoffnung, doch die Liebe bleibt (vgl. 1 Kor 13,8.13). Auch all die Liebe, die der Verstorbene uns hier erwiesen hat und die in Gott verwurzelt war. Gott ist doch nicht so engherzig, daß er uns nehmen würde, was er selbst uns durch diesen lieben Menschen geschenkt hat. Er gibt es uns weiterhin, wenn auch auf andere Weise. Wer ins ewige Leben eingegangen ist, fährt fort, uns zu lieben – mit einer beständigen, ewigen Liebe.

Glauben wir an die Liebe unserer Schwestern und Brüder, die das Ziel erreicht haben, und bitten wir sie, uns auf unserem Weg beizustehen. Unsererseits wollen wir für die Verstorbenen beten, was ja auch ein „Werk der Barmherzigkeit" ist.

Nein, wir haben unsere Lieben nicht verloren. Es ist, als wären sie von zu Hause fortgegangen, um an einem anderen Ort zu wohnen. Sie leben im Land des Vaters, sind in ihm, und durch ihn können sie und wir uns weiterhin gegenseitig lieben, wie es uns das Evangelium aufträgt.

CHRISTUS, DER WEG

Wie wertvoll es ist, den gegenwärtigen Augenblick zu leben, werden wir nie ganz verstehen. Aber es spricht für sich, daß erfahrene geistliche Menschen den Sterbenden raten, ganz im Jetzt zu leben.

Wenn ich im Jetzt lebe, begegne ich Gott in seinem Willen, und er ist mit seiner helfenden Gnade bei mir. Sonst kann Gott nicht bei mir ankommen, und ich lebe an ihm vorbei.

Oft mühen wir uns ab, Wege zu suchen, die zu ihm führen. Wir möchten besser oder gar heilig werden. Aber wozu nach Wegen suchen, wenn er der Weg ist (vgl. Joh 14,6), wenn er ewig gegenwärtig ist und in jedem Augenblick unseres Lebens darauf wartet, mit uns zusammenzuarbeiten? Er möchte in der Zeit, die uns gegeben ist, in uns wirken und uns zu Werken befähigen, die der Kinder Gottes würdig sind.

Oft möchten wir aus unserer Mittelmäßigkeit und dem gemächlichen Trott des Alltags ausbrechen. Wir wollen uns vom Lauf der Dinge, von unserer Umgebung nicht mitreißen lassen, sondern aufsteigen zur göttlichen Klarheit. Wir spüren, daß dazu auch die Prüfungen, die Schmerzen, harte Schläge, Demütigungen und Ängste, die wir erleben, dienen können.

Wir dürfen sicher sein, daß Gott sich im gegenwärtigen Augenblick zu erkennen gibt – in den schmerzlichen, unabwendbaren Ereignissen des Lebens wie auch in der bewußten Selbstverleugnung, zu der uns Christus zu allen Zeiten aufruft: „Verleugne dich selbst, und nimm dein Kreuz auf dich" (vgl. Mt 16,24).

Kurz gesagt: Das Leben wäre so einfach, wenn wir es nicht verkomplizierten! Würden wir uns ganz im Jetzt verankern, mit all seinen Freuden, mit den Überraschungen, den Mühen und Verpflichtungen, dann liefe alles wie von selbst. Getragen von einer großen Kraft, würden wir emporgehoben, hin zur ewigen Freude.

Mit Maria

Den Weg der Nachfolge Jesu weist uns, wie niemand sonst, seine und unsere Mutter, Maria. Auf vielfältige Weise möchten wir ihr unsere Liebe bekunden, vor allem aber dadurch, daß wir sie in ihrem Stehen unter dem Kreuz nachahmen.

Wenn wir mit ihr vorangehen, wird der Weg eben; Erschütterungen und innere Drangsale werden gemildert. Wenn wir mit Maria leben, wird nach dem Zeugnis vieler Heiliger selbst der ärgste Feind, der Widersacher, in die Flucht geschlagen.

Mit ihr schwindet die Gefahr des geistigen Hochmuts, der nichts als Unheil hervorbringt. Denn wo Maria ist, da ist wahre Demut.

Maria begleitet uns in unserem christlichen Leben von Anfang an und in jedem neuen Abschnitt. Sie weist uns den Weg und hilft uns, jederzeit voranzugehen. Und am Ende dieses Lebens wird sie uns erwarten, um uns zu Jesus zu führen.

Alles will ich verlieren, wenn ich nur Maria nicht verliere. Sie, die Mutter unter dem Kreuz, soll mich in jedem Augenblick meines Lebens begleiten.

GOTT DIE EHRE GEBEN

„Ich habe dich auf der Erde verherrlicht
und das Werk zu Ende geführt,
das du mir aufgetragen hast" (Joh 17,4).

Dieses Wort zeigt uns, wie auch wir den Vater verherrlichen können. Gott die Ehre geben, das ist ja unser größter Wunsch. Und nun begreifen wir: Leben zur Ehre Gottes besagt nicht so sehr und nicht nur, die eigene Ehre zurückzustellen, Hochmut und Eitelkeit zurückzudrängen, sondern das Werk zu Ende zu führen, das er uns aufgetragen hat, bis zu dem Tag, an dem er uns zu sich ruft.

Gott hat für jeden Menschen ein bestimmtes Lebensprogramm. Und das gilt es zu erfüllen.

Die Kunst des Gebens

Das ist die wunderbare Aufgabe, zu der uns die Frohe Botschaft drängt: alles, was wir an innerem, geistigen Reichtum besitzen, den Schwestern und Brüdern weiterzugeben. Wie Maria unter dem Kreuz, die sogar ihren Sohn herschenkte, müssen auch wir lernen herzugeben.

Wir sollen geben. Damit ist nicht ein unbedachtes, leichtfertiges Geben gemeint; denn dies hinterläßt, wie wir aus eigener Erfahrung wissen, eine innere Leere. Es geht vielmehr um ein Geben aus Liebe, das nicht eine Leere zurückläßt, sondern uns innerlich bereichert. Doch wie geht das?

Ein solches Geben setzt voraus, daß wir in der Gemeinschaft mit Jesus bleiben, mit ihm, Christus, der in uns lebt. Er läßt uns verstehen, wann es richtig und im Sinne Gottes ist zu geben. Es setzt weiter voraus, daß wir Gemeinschaft mit den Schwestern und Brüdern haben, in denen wir Christus erkennen und lieben. Wenn wir in dieser Gemeinschaft mit Christus in uns und in den andern leben, sind wir vor der Gefahr gefeit, „das Heilige den Hunden zu geben" (vgl. Mt 7,6).

Maria hat uns ein solches Geben vorgelebt. Geben, ohne sich im Geben zu verlieren, das ist der Lebensrhythmus des dreifaltigen Gottes: Gott schenkte uns sich selbst, das Wort wurde Mensch – und blieb doch als zweite göttliche Person untrennbar eins mit dem Vater und dem Heiligen Geist.

Wenn wir dies vor Augen haben und entsprechend leben, werden wir durch die Liebe immer neu reichlich beschenkt. Es ist der Weg, vollkommen zu werden wie der himmlische Vater (vgl. Mt 5,48). Wenn wir hingegen unseren inneren Reichtum für uns allein behalten, verdorrt unsere Seele, und wir bleiben auf unserem Weg stehen.

CHRISTUS, DAS LEBEN

Auf der großen Bühne der Schöpfung steht Mensch neben Mensch, und es gilt das Wort: Alle Menschen sind gleich.

Wir alle sind Menschen: Jeder wird geboren, lebt, stirbt. Auch wenn im Laufe der Geschichte mancher mit einem Mythos umgeben und fast zu einem Halbgott gemacht wird, so sorgt die Geschichte doch wieder für Gerechtigkeit: Der eine wie der andere wird zu Staub. Wir sind Menschen unter Menschen, auch wenn wir unterschiedliche Aufgaben haben. Diese grundlegende Gleichheit aller Menschen ruft geradezu nach einer übergeordneten Wirklichkeit; das Volk verlangt nach einem Oberhaupt. Gott allein ist es, der über allen steht.

Nur wenn der Mensch seinem Herrn und Schöpfer begegnet, hat sein Leben einen Sinn. Dann ist das Leben für den Menschen wirklich Leben. Denn diese Begegnung bedeutet Durchdringung, Vereinigung: Das Geschöpf lebt in seinem Herrn und der Herr in seinem Geschöpf, er, Christus, der von sich sagt: „Ich bin das Leben" (Joh 14,6).

Wenn das wahr ist – und es ist wahr –, muß man daraus die Konsequenzen ziehen. Sonst läuft man Gefahr, aus dem Leben ein Hasten und Rennen nach einem Ziel zu machen, das es nicht gibt.

So kommt es darauf an, sich jeden Augenblick Gott zu überlassen, sich seinen Willen zu eigen zu machen und ein leeres Gefäß zu sein, das er mit sich selbst, mit seinem göttlichen Leben füllen kann.

CHRISTUS, DIE WAHRHEIT

„Wer in den kleinsten Dingen zuverlässig ist, der ist es auch in den großen" (Lk 16,10).

Die Heilige Schrift lehrt uns, die kleinen Dinge des Lebens gut zu verrichten. Gerade das kennzeichnet einen Menschen, der aus ganzem Herzen tut, was Gott im Augenblick von ihm möchte.

Wenn jemand so lebt, lebt Gott in ihm. Und wenn Gott in ihm lebt, ist die Liebe in ihm. Wer den Augenblick lebt, ist geduldig, ausdauernd, gütig, er ist arm an allem, rein, barmherzig, denn in ihm ist die Liebe in ihrer höchsten und echtesten Form. Er liebt Gott aus ganzem Herzen, ganzer Seele und mit all seiner Kraft. Er wird von innen her erleuchtet, vom Heiligen Geist geführt, er denkt nichts Böses und richtet nicht; er liebt den Nächsten wie sich selbst und hat die Kraft, in der Torheit des Evangeliums die andere Wange hinzuhalten und zwei Meilen mitzugehen (vgl. Mt 5,41). Oft hat er Gelegenheit, „dem Kaiser zu geben, was dem Kaiser gehört" (vgl. Mt 22,21), denn in vielen Situationen muß er seine Aufgabe als Glied der Gesellschaft erfüllen ...

Wer den Augenblick lebt, geht auf dem *Weg*, ist im *Leben*, in Christus, der *Wahrheit*. So erfüllt sich die Sehnsucht des Menschen, in jedem Augenblick seines Lebens alles zu besitzen.

RÜCKBLICK

Wenn wir die einzelnen Augenblicke unseres Tages in ihrer ganzen Fülle leben, erhält jede noch so kleine Handlung eine würdevolle Note.

Am Abend bleibt uns die innere Freude über diese erfüllten Momente. Bemerken wir aber Unvollkommenheiten, so vertrauen wir sie der Barmherzigkeit Gottes an.

Wenn wir das Leben so verstehen, fällt uns der abendliche Rückblick auf den vergangenen Tag mit all seinen Ereignissen viel leichter. Die Gewissenserforschung gewinnt an Bedeutung. Sie wird wichtig wie die Bilanz an unserem Lebensabend, ja in gewisser Weise noch wichtiger. Denn nach jener letzten Bilanz kann man nichts mehr tun, doch nach der täglichen Gewissenserforschung können wir – wenn Gott uns das Leben schenkt – es neu versuchen und es am nächsten Tag besser machen. Wir können den Schmerz über alle Unvollkommenheiten der vergangenen Tage annehmen und ihn sogar fruchtbar werden lassen.

Vollbringen

„Ich habe das Werk zu Ende geführt, das du mir aufgetragen hast" (Joh 17,4), sagt Christus zum Vater. Er hat uns erlöst und die Kirche gegründet, die sein Werk fortsetzen soll.

Auf Erden erlebte er weder die anfängliche Ausbreitung noch die späteren Erfolge der Kirche. Und doch kann er sagen: „Ich habe das Werk zu Ende geführt ..."

Oft machen wir uns allzu menschliche Vorstellungen von dem, was Gott wohl durch uns erreichen will. Wir bestimmen selbst das Ziel und übersehen, daß die Geschichte der Menschheit und jedes einzelnen letztlich in seiner Hand liegt.

Freudig sollten wir uns damit „begnügen", das zu tun, was Gott von uns erwartet. Denn nichts ist schöner als das, was er für uns vorgesehen hat. Und wenn wir uns eigentlich noch mehr gewünscht hätten, wollen wir uns mit denen solidarisch fühlen, die später weiterführen, was wir nur beginnen konnten. Auf diese Weise „sät einer, und ein anderer erntet", doch „der Sämann und der Schnitter freuen sich gemeinsam" (Joh 4,36f).

Viele Seiten hat das Leben

Viele Seiten hat das Leben: Freude und Glück, grauer Alltag, nicht selten körperliches und seelisches Leid. Wie gut wäre es, auf jedes Ereignis gefaßt zu sein, uns durch nichts aus der Fassung bringen zu lassen! Aus einem lebendigen Glauben, aus der Ausrichtung an Christus erwächst eine ungeahnte Kraft, sich allem zu stellen und so zu leben, daß weder die Freuden sich bald als leer erweisen und in nichts auflösen noch die Schmerzen zu Bitterkeit führen.

Das christliche Leben entspricht dem Menschen ganz und gar; es ist nichts Aufgesetztes, sondern prägt – auf wunderbare Weise – unser menschliches Dasein von innen her. Christliches Leben ist volles, verwirklichtes menschliches Leben. Die unterschiedlichsten, tiefsten Wünsche und Hoffnungen haben darin Platz und finden ihre Erfüllung, all unsere Fragen finden dort eine Antwort.

Eine mögliche Hilfe, so zu leben, will ich nicht verschweigen, auch wenn dies heutzutage manchem veraltet erscheinen mag: die tägliche Betrachtung wichtiger Momente im Leben Christi, die uns im Rosenkranz wie Perlen aufgereiht werden, die freudenreichen, die schmerzhaften und die glorreichen Geheimnisse seines Lebens. Maria lädt uns zu diesem Gebet ein. Vielleicht, damit wir Tag für Tag für alles bereit sind, was – von welcher Seite auch immer – an Erfreulichem oder Schmerzlichem auf uns zukommt, für alles, was der Vater in seiner Liebe für uns vorgesehen hat.

Unser Schatz

„Wo dein Schatz ist, da ist auch dein Herz" (Mt 6,21). Ist Gott unser Schatz, wird unser Herz bei ihm sein.

Wenn wir im gegenwärtigen Augenblick wie Maria unter dem Kreuz leben, sind wir bereit, uns von allem zu lösen, um allein Gott zu haben und seinen Willen zu tun. So wird unser Herz bei dem einzigen Schatz sein, den wir haben dürfen: bei Gott.

„Haltet euer Herz fest, und laßt es wie eine aufrechte Flamme sein", riet Katharina von Siena.

Das Herz festhalten, dieses Herz, das hierhin und dorthin will und in unserem Leben als Christen so wichtig ist. Das Herz festhalten, ausgerichtet auf Gott, unseren Schatz.

Würde und Menschlichkeit

Ich weiß nicht, wie es möglich ist, sich nicht in Jesus zu verlieben ...

Ich weiß nicht, wie es kommt, daß so viele Christen ihn so wenig kennen ...

Wenn die Welt die Liebe besingt, vergöttert sie oft einen Menschen. Verbirgt sich dahinter nicht die Suche nach dem, den sie lieben müßte, ohne den das Herz unruhig ist?

Denken wir an die Geschichte mit der Ehebrecherin (Joh 8,3-11) – ein göttliches Meisterstück. Wie könnte man in Worte fassen, was da gesagt wird!

Jesus kümmert sich hier nicht so sehr um das Gesetz des Mose. Er selbst ist das Gesetz.

Er lehrt gerade. Da tauchen die Pharisäer und Schriftgelehrten mit einer Frau auf, die bei einem Fehltritt, aus Schwäche begangen, ertappt wurde. In den Augen der Frau spiegelt sich ihre Angst. In den Augen der Ankläger aber erkennt Jesus nicht so sehr das Verlangen nach Gerechtigkeit als vielmehr die Absicht, ihm eine Falle zu stellen.

Alle sind sie Sünder, die er da vor sich hat. Wie sollte er eine unter ihnen verurteilen? Wäre Jesus ein Opportunist gewesen, hätte er sein Ansehen bei den Schriftgelehrten retten wollen, so hätte er die Frau leicht, sozusagen mit Fug und Recht verurteilen können. Aber er ist, wie er an anderer Stelle sagt, „nicht gekommen, um die Welt zu richten, sondern um sie retten" (Joh 12,47).

Diese Episode zeigt das in aller Deutlichkeit. Jesus schreibt zweimal auf die Erde und ... schweigt. Und wie sie ihn bedrängen und sein göttliches Schweigen durchbrechen ...

Dann das Wort, das keiner erwartet: „Wer von euch ohne Sünde ist, werfe als erster einen Stein auf sie" (Joh 8,7).

Darauf das Gespräch mit der Sünderin – ohne die Sorge, dadurch selbst als unrein zu gelten. Welches Feingefühl, welche Liebe! Voller Würde und tiefer Menschlichkeit neigt sich Jesus herab, um einen Menschen aufzurichten, der in seiner Schwäche den anderen schutzlos ausgeliefert ist ...

Schließlich die Frage: „Hat dich keiner verurteilt?" Und der Abschied: „Geh und sündige von jetzt an nicht mehr" (Joh 8,10f).

Der gute Hirt

„Ich bin der gute Hirt; ich kenne die Meinen, und die Meinen kennen mich" (Joh 10,14).

Auf geheimnisvolle Weise entspricht das, was du uns sagst, Herr, dem, was wir zutiefst in uns empfinden. Irgendwie merken wir, was deine Stimme ist und was nicht.

Voll Dankbarkeit betrachten wir das Bild vom Hirten und den Schafen. Du bist wie eine Mutter, die ihren Sohn, was immer er angestellt haben mag, weiterhin als ihr Kind liebt. Du schenkst uns Vertrauen und glaubst an unsere Fähigkeit, gut zu sein. Dafür möchten wir dir danken!

Das ganze Leben ist eine Frage der Liebe. Du glaubst an unsere Liebe, und wir wollen und sollen an deine Liebe glauben.

Du gehst uns voran, Jesus, um die zu führen, die dich schon kennen und dir folgen, wie auch die, die dich jetzt noch nicht kennen, aber dir folgen werden.

Jesus, du bist der einzige „Leader" in der Welt, kein anderer verdient diesen Namen außer dir, dem guten Hirten, der sein Leben für die Seinen gibt. Doch ist uns das eigentlich bewußt? Es übersteigt unser Fassungsvermögen; zu oft sind wir wie Blinde, zu oft haben wir nur Irdisches im Sinn und vergessen, dir dankbar zu sein. Du aber, Herr, bist da und läßt uns deine Stimme hören. Sie weckt uns auf. Wir wollen dir folgen.

So sollt ihr beten

„Dein Wille geschehe, wie im Himmel, so auf Erden" (Mt 6,10). Um etwas Großes läßt du uns bitten, Herr! Doch wer erfüllt deinen Willen in dieser Welt, und wer erfüllt ihn schon immer? Du bist der Vollkommene, der Höchste, und du möchtest Großes, Vollkommenes. Bist du nicht auch gekommen, um Großes zu vollbringen?

„Unser tägliches Brot gib uns heute" (Mt 6,11). Heute. Du willst also, daß wir so leben wie du, Herr. Doch wer lebt so: im Heute, für das Heute? Wer überläßt sich der Zukunft, sorglos wie die Vögel des Himmels, für deren Nahrung und Kleidung du sorgst?

Ganz für den heutigen Tag leben würde vieles vereinfachen, aber es wird uns angst und bange dabei, möchten wir uns doch auf eine gesicherte Zukunft verlassen können. Dabei wissen wir nicht, ob das Morgen je kommen wird ...

Du, Herr, willst, daß wir wachsam sind. Denn eines Tages, zu einer Stunde, die wir nicht kennen, wirst du uns zu dir rufen. Hilf uns also, in der Zeit, die du uns noch schenkst, jeden Tag gut zu leben.

„Und vergib uns unsere Schuld" (Mt 6,12). Du sagst nicht „Sünden", sondern „Schuld". Ja, denn sündigen heißt: nicht lieben. Die Liebe aber ist das einzige, was wir in diesem Leben einander schuldig sind (vgl. Röm 13,8).

Die Stille

Manchmal habe ich die Möglichkeit, mich an einen einsamen Ort zurückzuziehen und dort in der Stille zu beten. Diese Stille, die nicht von Telefon oder Radio, vom Straßenlärm und sonstigen Geräuschen durchbrochen wird, ist sehr beredt.

Ich merke, daß Gott schweigt, wo es laut zugeht, daß er aber in der Stille spricht.

Wenn ich dann zur Besinnung ein Buch in die Hand nehme, muß ich es manchmal wieder schließen, weil er in mir ein Gespräch will ...

Und ich verstehe die Einsiedler, die Kartäuser, die Trappisten ... Ich verstehe, wie reich an Gesprächen, wie erfüllt ihr Leben sein kann und in welcher Gesellschaft es sich abspielt.

Ich aber kann den Trost eines solchen Gespräches nur als Hilfe aus Gottes Hand annehmen, um mit neuer Kraft meine Arbeit wiederaufzunehmen: Gestärkt wende ich mich wieder den Menschen zu, um ihnen zu dienen und die Aufgabe zu erfüllen, die Gott mir zugedacht hat. So versuche ich, auf seine Liebe zu antworten, auf die Worte, die er in der Stille, im Grunde meines Herzens zu mir spricht.

Nichts anderes wünsche ich mir, als mich von ihm angesprochen und geliebt zu wissen. Das ist meine Hoffnung: Er ist ja barmherzig.

Unsere Stunde

Der Karfreitag bringt eine neue Gewichtung des Schmerzes in unserem christlichen Leben. Ich möchte sagen: Das Karfreitagsgeschehen ist der größte Anruf an uns, unsere höchste Berufung.

Jesus, der „Mann der Schmerzen" (Jes 53,3). In der Passion vollendet sich seine Berufung.

In unserer Arbeit und zumal wenn wir Erfolg haben, sind wir manchmal versucht, in den leidenden Menschen bloße Randfiguren zu sehen, die man zu versorgen und zu besuchen hat. Vor allem, so meinen wir, muß man ihnen schnell auf die Beine helfen, damit sie wieder etwas leisten. Aktivität scheint doch das Wesentliche und Entscheidende in unserem Leben zu sein.

Doch diese Sichtweise ist verkehrt. Wenn einer von uns leidet und krank ist, wenn jemand im Sterben liegt und alles Gott aufopfert, so schaut Gott mit besonderer Liebe auf ihn. In der Rangordnung der Liebe stehen diese Menschen ganz oben. Sie sind es, die am meisten tun, die mehr als jeder andere wirken.

Dieses Wissen kann uns helfen, die Angst vor dem Leid zu überwinden. Ja, wir sollten es erwarten; denn Jesus ist für die Stunde seines Leidens gekommen und wir – für die unsere.

KRASSER GEGENSATZ

„Selig die Trauernden; denn sie werden getröstet werden" (Mt 5,4). Ein Wort, das unter die Haut geht. Das Evangelium steht in krassem Gegensatz zur „Welt", die nach Bequemlichkeit und Wohlstand sucht und jedem Leid ausweichen möchte. Sind uns in der Bergpredigt nicht andere Ziele gesetzt: Armut, Barmherzigkeit, Sanftmut ...?

Wenn es stimmt, was uns dort gesagt ist, dann sollten wir das Kreuz nicht nur als Episode in unserem Leben verstehen, als eine vorübergehende Erfahrung, die man gemacht haben muß, um dann ein für allemal davon geprägt zu sein. Nein, der Christ, der hier im Leben Gott, einen gekreuzigten Gott erwählt hat und ihn liebt, sucht und erwartet, sollte stets bereitwillig dem Kreuz entgegengehen und nichts anderes suchen. Wer dann erfährt, daß er „getröstet" wird, weiß: Es ist Geschenk, Erfüllung dessen, was uns im Evangelium verheißen ist.

Das Glück

Vielleicht haben wir noch nie im Leben eine solche Freude erlebt wie in dieser letzten Zeit. Eine reine, eine neue Freude, die daraus erwächst, daß wir *das* Glück gefunden haben!

Glück – in diesem Wort ist das innerste Verlangen der ganzen Menschheit zusammengefaßt.

Man muß solches Glück erfahren haben, um zu wissen, was es ist. Diese reinste Freude kann nichts anderes sein als Gott: er, der immer da ist; er, dem wir begegnen, wenn wir im gegenwärtigen Augenblick alles verlieren, um lebendiger Ausdruck seines Willens zu sein.

Eine solche Erfahrung hängt wohl mit einer besonderen inneren Verfassung zusammen; vielleicht haben wir im geistlichen Leben eine bestimmte Stufe erreicht. Und inständig bitten wir den Herrn, auf den wir alle Hoffnung setzen, daß er uns nie mehr zurückfallen läßt. Nie – denn dieses Glück, das wir empfinden, gereicht Gott zur Ehre. Diese Ehre können wir unwürdige und doch von Gott so sehr geliebte Kreaturen ihm geben.

Wir haben die kostbare Perle gefunden, für die es sich lohnt, alles zu verkaufen, alles zu verlieren (vgl. Mt 13,45f). Diese Perle ist er: Gott. Er allein wird uns bleiben, wenn wir – vielleicht schon bald – dorthin gehen, wo Maria uns erwartet, unsere Mutter, die uns in ihrem Stehen unter dem Kreuz Leitbild war.

Unvergängliches schaffen

Wenn du den Augenblick lebst, ihn gut lebst, schaffst du etwas Bleibendes. Auch wenn du nur mit einem einzigen Menschen sprichst oder mit einer Gruppe zu tun hast. In der Begegnung mit einem einzelnen Menschen, mit jeder Gruppe begegnest du der Menschheit. So wie du in einer einzigen Aufgabe den ganzen Willen Gottes erfüllst. In der vermeintlichen Beschränkung eröffnet sich dir die Dimension des Unendlichen.

Verrichte mit Sorgfalt, was Gott im Augenblick will, und zwar so, wie er es will, nach seiner Logik, nach seiner Dynamik. Bereitest du dich zum Beispiel vor, vor anderen zu sprechen, so vertraue zunächst ganz auf den Beistand des Heiligen Geistes in dir. In einem Klima der gegenseitigen Liebe lege deinen Entwurf dann anderen vor. Sei demütig und bereit, ihn zu verlieren, so daß er „sterben", untergehen und aus der Einheit neu erstehen kann ... So werden deine Worte bleiben und vielfältige Frucht bringen. Und was vielleicht nur einem einzigen Menschen genützt hätte und dann vergessen wäre, kann vielen zugute kommen und weiterhin Früchte bringen.

Ein solches Leben im Augenblick gibt unserem Tun Fülle und Weite, weil es im Einklang steht mit Christus, der in uns lebt. Er in uns schafft Dinge, die bleiben.

Hast du deine Aufgabe aber schlecht oder nur halb erfüllt, dann „verliere" sie in Gott mit großem Vertrauen auf seine Barmherzigkeit. Denke daran, daß jeder Augenblick der letzte sein kann und du vielleicht unvollkommene Dinge zurücklassen mußt. Aber vertraue auch darauf, daß der Herr nichts anderes wünscht, als dir mit Taten seine Liebe zu beweisen. Er möchte die Lücken ausfüllen, vor den anderen deine Fehler verbergen und entschuldigen. Wie es eine Mutter machen würde, und noch viel mehr!

Auch in diesem Fall bleibt dir die Gewißheit: Dein Teil ist getan; Gott wird alles vollenden.

DANKE

Maria unter dem Kreuz, die „schmerzhafte Mutter Gottes" ... Wenn wir uns das Leben Mariens zum Vorbild nehmen wollen, müssen wir das Kreuz erwählen. In glücklichen Augenblicken wollen wir Jesus und Maria danken, aber auch in den schmerzlichen – und dann noch mehr.

Mehr als einmal habe ich den starken Wunsch nach einem zweiten Namen verspürt, der etwas von dem ausdrückt, was der Sinn meines Lebens sein soll: „Danke". Es drängt mich, die Tage, die mir noch bleiben, zu einem ständigen Dank werden zu lassen.

Auch die Gaben verlieren

Wie vieles lehrt uns Maria, die unter dem Kreuz steht. Es mag sein, daß wir meinen, alles „verloren" zu haben und an nichts mehr zu hängen. Und doch behalten wir etwas für uns, von dem wir glauben, *das* dürften wir besitzen und anderen vorzeigen, und wir haben unsere Freude daran: Ich denke an die Gaben, die uns Gott geschenkt hat.

Maria hat unter dem Kreuz ihren Sohn verloren; sie hat ihn, der Gott ist, um Gottes willen hergegeben. Müßten dann nicht auch wir bereit sein, um seinetwillen seine Gaben zu verlieren? Halten wir uns also nicht damit auf, zu betrachten, was Gott uns Großes geschenkt hat; lassen wir keinen Stolz aufkommen. In dem Maße, wie wir innerlich frei sind, können wir vom Geist Gottes erfüllt werden.

Wenn einer bestimmte Gaben hat, so sind das Talente, die es zu entfalten gilt – durch die Liebe, von der ja alles durchdrungen sein soll. Wichtig ist freilich, daß wir nicht bei den Gaben stehenbleiben, daß wir bereit sind, uns auch davon zu lösen, um ganz Liebe zu sein – für die Menschen, für die Werke der Kirche. Denn die Liebe denkt an den Geliebten, nicht an sich.

Ja oder nein

(1973)

WACHSAMKEIT

Um Gott zu lieben, muß man seinen Willen tun. Sein Wille aber zeigt sich Augenblick für Augenblick: durch äußere Umstände, durch die eigenen Pflichten, durch einen Rat erfahrener Menschen ... Oder auch durch unvorhergesehene Ereignisse, seien sie schmerzlich oder freudig, unangenehm oder belanglos.

Gottes Willen erkennt nur ein aufgeschlossener, wachsamer Mensch. Nicht umsonst spricht das Evangelium so oft von Wachsamkeit.

Die Heilige Schrift richtet den Menschen auf die Gegenwart aus. Sie sagt, er solle sich nicht um die Zukunft sorgen, er solle den Vater nur um das *tägliche* Brot bitten. Jesus lädt dazu ein, *täglich* sein Kreuz auf sich zu nehmen; er weist darauf hin, daß *jedem Tag* seine Last genügt. Und er mahnt: „Keiner, der die Hand an den Pflug gelegt hat und nochmals zurückblickt, taugt für das Reich Gottes" (Lk 9,62).

Damit es uns zur Gewohnheit wird, die Gegenwart gut zu leben, müssen wir Christen lernen, die Vergangenheit zu vergessen und uns nicht um die Zukunft zu sorgen. Das ist eine allgemeine Lebensweisheit, denn die Vergangenheit existiert nicht mehr, die Zukunft aber wird sein, wenn sie Gegenwart geworden ist. Katharina von Siena sagte: „Wir haben weder die vergangene Mühe, denn diese Zeit ist vorbei, noch die künftige Mühe, denn wir wissen nicht, ob diese Zeit je kommen wird."[1]

Große Menschen und Heilige wissen darum. Sie

üben sich darin, aus den verschiedenen Stimmen in ihrem Innern die Stimme Gottes herauszuhören. So wird die Unterscheidung leichter; die göttliche Stimme wird klarer und besser vernehmbar.

Anfangs ist das vielleicht nicht ganz einfach. Zunächst muß man lernen, ganz auf Gott zu vertrauen, an seine Liebe zu glauben und mit Entschlossenheit das zu tun, was man für seinen Willen hält. Dabei dürfen wir die Zuversicht haben, daß er uns immer wieder auf den richtigen Weg zurückführen wird, wenn wir uns verirrt haben. Und auch wenn uns der Wille Gottes klar erscheint, beispielsweise wenn eine Arbeit zu tun ist, die sich über Stunden hinzieht, gibt es immer wieder einmal eine Versuchung zu bestehen, einen Zweifel zu überwinden, eine Sorge Gott zu überlassen, abschweifende Gedanken oder unpassende Wünsche wegzuschieben.

Die Gegenwart leben ist ein Programm, das unser Leben außerordentlich bereichert. Es verwurzelt unser irdisches Leben schon jetzt im Ewigen. Nach Franz von Sales beinhaltet jeder Augenblick einen göttlichen Auftrag und geht ein in die Ewigkeit. Dort werde festgehalten, was wir daraus gemacht haben.

In der Gegenwart leben ist für Christen, die mitten in der Welt stehen, eine Notwendigkeit; denn gerade für sie ist es *der* Weg zur Heiligkeit. Wer sich im Jetzt ganz auf Gottes Willen einläßt, wer hinhört auf das, was Gott will, und sich nach Kräften darum bemüht, hat auf dem Weg zu Gott keine Nachteile gegenüber einem Mönch, der in den Weisungen seines Vorgesetzten Orientierung findet, um Gott zu gehorchen. Denn wer auf die leise Stimme Gottes hört, kann inmitten der Welt in einer Art geistigem Konvent leben: in Gemeinschaft mit dem Herrn, stets bereit, in der Erfüllung der je neuen Aufgaben dem nachzukommen, was Gott für ihn und sein Leben vorgesehen hat. Gott selbst kommt ihm dabei entgegen mit der „helfenden Gnade" des Augenblicks.

„Die Pflicht des Augenblicks", schreibt Raïssa Maritain, „verbirgt unter ihrem düsteren Erscheinungsbild die Wahrheit des göttlichen Wollens. Sie ist sozusagen das Sakrament des gegenwärtigen Augenblicks."[2] Einer, der so zu leben versuchte, war Papst Johannes XXIII. In seinem Tagebuch schreibt er: „Alles, was ich tue, will ich so tun, als hätte ich nichts anderes zu tun, als wäre ich in der Welt, nur um diese eine Aufgabe gut zu erfüllen."[3]

„In der Gegenwart leben" ist ein gutes Motto für unsere hektische Zeit. Oft haben wir gar keine andere Wahl. Die Zeit der Träume und Beschaulichkeit geht zu Ende; man ist immer in Eile. Die übertriebene Hektik kann krank machen – wenn man nicht immer wieder innehält und sich ganz auf die Gegenwart konzentriert.

Die Analyse des großen lutherischen Theologen Dietrich Bonhoeffer [während des Zweiten Weltkriegs] stimmt nachdenklich: „Es schien uns bisher zu den unveräußerlichen Rechten menschlichen Lebens zu gehören, sich einen Lebensplan entwerfen zu können, beruflich und persönlich. Damit ist es vorbei. Wir sind durch die Macht der Umstände in die Situation geraten, in der wir darauf verzichten müssen, ‚für den kommenden Tag zu sorgen' (Mt 6,34) ... Für die meisten Menschen bedeutet der erzwungene Verzicht auf Zukunftsplanung den verantwortungslosen, leichtfertigen oder resignierten Verfall an den Augenblick, einige wenige träumen noch sehnsüchtig von einer schöneren Zukunft und versuchen darüber die Gegenwart zu vergessen. Beide Haltungen sind für uns gleich unmöglich. Uns bleibt nur der sehr schmale und manchmal kaum noch zu findende Weg, jeden Tag zu nehmen, als wäre es der letzte, und doch in Glauben und Verantwortung so zu leben, als gäbe es noch eine große Zukunft."[4]

Wir sind nie vor dem Fehler gefeit, der Vergangenheit nachzuhängen oder in Gedanken schon in der Zukunft zu sein. Darüber verpassen wir die Gegenwart, die einzige Gelegenheit, „wirklich" zu leben!

Der orthodoxe Theologe Evdokimov sieht in solchen Fehlhaltungen eine sonderbare Entfremdung. Er stellt fest, daß viele Menschen in alten Erinnerungen oder in der Erwartung der Zukunft leben. Aus der Gegenwart wollen sie ausbrechen; sie denken sich alles mögliche aus, um die Zeit totzuschlagen. Sie leben nicht im Hier und Jetzt, sondern – unbewußt – in Phantasien. Evdokimov erinnert an ein Wort, das zu einer Art Askese auffordert:

„Die Stunde, in der du lebst,
die Aufgabe, die du erfüllst,
der Mensch, dem du in diesem Augenblick begegnest,
sind die wichtigsten deines Lebens."

Es seien deshalb die wichtigsten Augenblicke, so Evdokimov, „weil Vergangenheit und Zukunft bloß abstrakte ferne Größen und somit inexistent sind. Sie haben keinen Zugang zur Ewigkeit. Diese neigt sich nur dem gegenwärtigen Augenblick zu; sie gibt sich nur dem, der im gegenwärtigen Augenblick ganz da ist. Nur im je gegenwärtigen Augenblick kann man die Ewigkeit berühren und im Angesicht des ewig Gegenwärtigen leben".[5]

Sein

Ich hatte Gelegenheit, den Inder Vinoba[6] etwas näher kennenzulernen. Ihm ist es gelungen – auch in Anlehnung an das Wort Christi: „Du sollst deinen Nächsten lieben wie dich selbst" –, eine Bewegung unter zahllosen Indern zu gründen, die ihr Land miteinander teilen. Eine großartige Initiative, doch noch mehr beeindruckt seine Persönlichkeit ...

Zu Recht betont Vinoba, daß es auf das „Sein" ankomme,[7] verstanden als „göttliches Sein", als Teilhabe am göttlichen Sein. Wie sehr er selbst von Gott erfüllt ist, zeigt die Anziehungskraft, die er ausübt. Viele kommen zu ihm; sie möchten diesen Menschen sehen, dessen Heiligkeit man schwerlich leugnen kann. Was er auch tut, ob er geht oder steht, ob er schweigt oder redet – alles „spricht" in gleicher Weise. Auf den Gesichtern in seiner Umgebung liegt stille innere Freude, ein Widerschein seines inneren Reichtums. Ähnliches habe ich in der Umgebung von Athenagoras[8] erlebt: Des öfteren sah ich Menschen tief bewegt, mit Tränen in den Augen aus seinem Arbeitszimmer kommen.

Vinoba und Athenagoras: zwei Menschen, die ihren Zeitgenossen ganz nahe stehen. Und doch nimmt man sogleich wahr, daß sie schon jenseits dieser Welt leben. Wer das Glück hat, Persönlichkeiten solchen Formats zu begegnen, ist vor allem von ihrem „Sein" fasziniert. Unwillkürlich erwacht der Wunsch, in der gleichen erfüllten Wirklichkeit zu leben. Mit neuer Leidenschaft macht man sich auf den

Weg zur Heiligkeit (sofern einem dieses Wort etwas sagt). Gern nimmt man die dazugehörige Askese auf sich, die im Grunde darin besteht, im gegenwärtigen Augenblick in Gott zu leben. Denn dies befreit von verkehrten Bindungen an alles, was nicht Gott ist; es läßt uns eintauchen in ihn – wo immer er uns begegnet.

Dann ist das Leben nicht mehr bloßes Existieren, sondern „Sein" in vollem Sinn; denn es ist erfüllt von dem, der „ist": von Gott. Dies ist Leben, wie es Christen entspricht, Leben als wirkliche Kinder Gottes. Das ganze Leben beginnt zu sprechen, selbst wenn es in tiefes Schweigen gehüllt ist. Gewiß können auch Worte etwas von Gott vermitteln; doch wieviel mehr sagt ein solches Leben!

Vinoba spricht von einer „Aktivität der Passivität", um zu verdeutlichen, daß es nicht nur aufs äußere Tun ankommt. Seine Formel M_2A gefällt mir: zweimal Meditation und einmal Aktion. Für mich möchte ich sie ein wenig umwandeln: MA – Meditation und Aktion den ganzen Tag, im Sprechen wie im Schweigen.

Es mag erstaunen, in einer Zeit, die vom Mythos des Machens und Aktivismus beherrscht wird, auf Persönlichkeiten wie Vinoba und Athenagoras zu stoßen. Gibt das nicht Grund zur Hoffnung?

KATHARINA VON SIENA

Katharina von Siena übt auf viele Menschen eine solche Faszination aus, daß man sich spontan fragt, warum ... Eine ausführliche Antwort würde Bände füllen; ihr Leben war reich an Gnaden, viele Wunder sind überliefert, sie war ein Mensch voller Weisheit. In aller Kürze könnte man vielleicht sagen: Katharina fasziniert, weil sie *in der Dimension der Kirche* lebte. Und wie die Kirche ungeachtet aller unvermeidlichen Kämpfe nicht untergeht, so bleibt auch Katharina lebendig. Gerade uns Christen von heute, die wir uns auf vielerlei Weise und nach bestem Vermögen bemühen, einander zu verstehen, zu lieben und als Kirchen zur vollen Gemeinschaft zusammenzufinden, kann Katharina, die von Papst Paul VI. zur Kirchenlehrerin ernannt wurde, einiges sagen.

Katharina war von einer brennenden Liebe erfüllt, die an die Liebe Christi erinnert. Diese Liebe entfachte in ihr eine große Leidenschaft für die Kirche. Betrachten wir kurz ihr Leben und Werk.

Sie wurde Mittelpunkt einer religiösen Bewegung, der sogenannten Katharinaten, die sich ihrem Weg einer entschiedenen, glühenden Christusnachfolge anschlossen. Doch ihr wichtigstes Werk, für das sie sich unermüdlich einsetzte, war die Rückführung des Papstes nach Rom. Gerade hier kommt ihre Sensibilität für die Nöte der Kirche zum Ausdruck.

Die gleiche innere Weite zeigt sich in ihrem Apostolat. Zu einem bestimmten Zeitpunkt trat Katharina ins öffentliche Leben. Bemerkenswert ist dabei, wie sie mit den Persönlichkeiten aus Politik und Kirche, die sich ihr angeschlossen hatten, umging. Statt sich von irgendwelchen noch so „heiligen" Interessen leiten zu lassen, die den Blick für den anderen verstellen, sah sie immer den Menschen in seiner Ganzheit. Wenn sie etwa mit einem Kardinal zu tun hatte, hatte sie stets vor Augen, daß er eine besondere Aufgabe in der Kirche innehatte. Stand sie in Verbindung mit einem Fürsten, interessierte sie sich auch für seine Politik. Katharina wollte die Menschen, die sich ihr anschlossen, nicht vereinnahmen, sondern lieben – um Gottes willen, um der Kirche und um der Menschheit willen. Sie teilte die Kämpfe ihrer Gefährten, ihre Ängste, all das, was ihr Leben ausmachte.

Katharina stand in regem Briefwechsel mit Frauen und Männern aus ärmlichsten Verhältnissen wie mit Persönlichkeiten aus Kirche und Welt. Ihr lebhaftes Interesse am Weltgeschehen zeugt von ihrer Offenheit für kirchliche und gesellschaftliche Angelegenheiten.

Ihr Beten offenbart ihre große, ungeteilte Liebe zu Gott. Ihn bat sie nicht zuletzt für die Kirche, an der ihr so viel lag. Im Stil ihrer Zeit schreibt sie: „Ewiger Gott, nimm das Opfer meines Lebens im mystischen Leib der heiligen Kirche an. Nichts anderes kann ich dir geben als das, was du selbst mir gegeben hast. Nimm mein Herz, und presse es aus über das Antlitz dieser Braut."[9]

Katharina fand keinen Frieden, solange sie die Kirche nicht um den Papst vereint sah. Diese leidenschaftliche Liebe zur Kirche machte ihr Leben aus und lenkte all ihre Schritte.

Bei diesem Eifer vernachlässigte Katharina nicht die Beschäftigung mit der Glaubenslehre. Zur Kirchenlehrerin wurde sie nicht zuletzt wegen ihrer Weisheit ernannt. Sie schrieb Bücher, die Jesus ihr eingab, doch nahm sie dankbar die Mithilfe von Bruder Raimund an. Er war für sie der Garant, daß ihre Schriften der kirchlichen Lehre entsprachen ... Die bestürzenden Entgleisungen in der Kirche ihrer Zeit konnten sie nicht aus der Fassung bringen; sie hat sich trotz allem nicht von der Kirche distanziert. Immer wieder fand sie einen Weg, das „Kirche-Sein" zu leben.

Als ausgerechnet sie sich den Unmut des Papstes zugezogen zu haben schien, nahm sie das zum Anlaß, sich noch tiefer in die Kirche hineinzustellen. Sie schrieb dem Papst: „Heiliger Vater, ... wenn Ihr mich verlassen habt und über mich verärgert und ungehalten seid, so will ich mich in den Wunden des gekreuzigten Christus bergen, dessen Stellvertreter Ihr seid. Ich weiß, daß er mich aufnehmen wird; denn er will nicht den Tod des Sünders. Und wenn er mich aufnimmt, werdet Ihr mich nicht verjagen." Schließlich gibt sie ihrer Hoffnung Ausdruck, mit dem Papst gemeinsam für die Kirche, die „Braut Christi", kämpfen zu können. – Gerade als sie sich am schwächsten fühlte, wußte sie sich mehr denn je Teil der Kirche und rühmte sich ihrer Schwachheit.

Für ihre eigene geistliche Familie verzehrte sie sich so sehr, daß Bruder Raimund schreibt: „Wir nannten sie Jungfrau Mutter; denn sie war für uns wirklich Mutter ... Tagtäglich gebar sie uns neu aus dem Geist, damit wir Abbild Christi würden."[10] Und weil Christi Liebe in ihr lebendig war, sah sie die *ganze* Kirche als eine große, als *ihre* Familie. Selbstvergessen machte sie sich deren Interessen zu eigen. In ihrem Engagement für die Kirche legte sie eine überraschend unbekümmerte mütterliche Autorität an den Tag. Des öfteren beendete sie schwierige Streitfragen kurzerhand mit der kühnen Formel: „Es ist Gottes Wille und der meine ..." Sie konnte wohl so reden, weil sie nichts anderes wollte als den Willen Gottes; ihr Wille war dem seinen gleichförmig. Und doch war es wirklich *ihr* Wille; denn sie lebte das Kirche-Sein, hatte gewissermaßen teil an der Mutterschaft der Kirche gegenüber allen. Wenn sie so nachdrücklich ihren Willen vorbringt, spürt man ihre Autorität – keine rechtliche (die besaß sie ja nicht), wohl aber eine mütterliche, vergleichbar mit der von Maria. Dem Zusammenhalt der Familie Gottes galt Katharinas ganzes Interesse.

Die Kirche war ihr Zuhause, ihre „Stadt". Alles, was das Netz der friedlichen Beziehungen zerriß, durch die die Kirche zur „Stadt auf dem Berg", zum „Licht der Welt" (Mt 5,14) wird, war für sie eine innere Zerreißprobe.

Besonders schmerzliche Momente durchlebte sie in ihren letzten Lebensjahren. Endlich war der Papst zurück in Rom. Doch in Avignon war ein Gegenpapst gewählt worden, und viele Kardinäle standen auf seiner Seite. Für Katharina war es die dunkelste Nacht ihres Lebens. Womöglich fühlte sie sich an dem Schisma mitschuldig, hatte sie doch den rechtmäßigen Papst zur Rückkehr nach Rom bewogen. Es scheint, als wollte sie dieses Trauma in sich auffangen und sich mitten in diesen Schmerz hineinstellen: Sie begab sich nach Rom, wo sie sich dem Papst näher fühlte, um dort den ganzen Tag um Einheit und Frieden zu beten. An Bruder Raimund schreibt sie: „Schon am frühen Morgen könntet Ihr eine Tote nach Sankt Peter gehen sehen ... Da bleibe ich etwa bis zur Zeit der Vesper; weder bei Tag noch bei Nacht möchte ich von dort weichen, solange ich dieses Volk nicht wieder mit seinem Vater geeint und gefestigt sehe."[11] – Ihr Verhalten spricht für sich: Sie wollte auch physisch am Zentrum der Christenheit sein; Sankt Peter war „ihre" Kirche.

Katharina: ein Mensch, der in der Dimension der Kirche lebte. Sie lehrt uns, daß die Kirche dann ihrem Wesen entspricht, wenn sie *eins* ist im Glauben und in der Liebe. Auch heute tut es not, sich in die Schule einer solchen Lehrmeisterin zu begeben. Von Katharina können wir lernen, was leidenschaftliche Liebe zur Kirche ist, was es heißt, der Kirche einen echten Dienst zu erweisen – wo immer wir stehen, ob wir viel oder wenig Verantwortung haben.

Die Grösse des Menschen

Jesus ist für uns gestorben. Also auch für mich: er, der Sohn Gottes – gestorben für mich.

Die Größe des Menschen zeigt sich darin, daß der Sohn Gottes für ihn starb. Sprechen wir ruhig von Humanismus, aber geben wir diesem Wort seinen ganzen christlichen Gehalt; so bekommt es eine einzigartige, nicht zu überbietende Bedeutungsfülle. Denn niemand hat jemals dem Menschen einen solchen Wert beigemessen: Gott selbst hat uns so sehr geliebt, daß er seinen Sohn sandte, für uns zu sterben.

Noch lieber, als über den christlichen Humanismus zu reflektieren, denke ich einfach daran, daß Jesus, der menschgewordene Sohn Gottes, für mich gestorben ist. Wie sollte man da nicht glücklich sein, sich nicht in ihm am Leben freuen, ihm nicht all unser Leid anbieten?

Wenn Christus für mich gestorben ist, dann wird er unablässig an mich denken, mich immer lieben.

Und ich? Ich kann nicht anders, als ständig an ihn zu denken. Auch ich möchte ihn immerfort lieben.

Die Liebe zählt

Die Liebe, so Paul VI., sei die grundlegende Tugend, die unsere Zeit von der Kirche erwarte.[12] Nur wenn die Christen „gelebte Liebe" sind, werden sie dem gerecht, was die Kirche und unsere von bedrängenden Fragen bewegte Welt verlangen.

Die wahre Liebe ist für Christen Ziel und Maß ihres Lebens. Sie wissen, daß Wert hat, was aus Liebe geschieht und von der Liebe geleitet wird. Alles andere ist demgegenüber unbedeutend; zumindest in der Schlußbilanz des Lebens wird es nicht zu Buche schlagen. So stellt sich bei allem, was wir tun, die Frage, ob wir es so tun, daß es Bestand hat. Dies gilt für die tägliche Arbeit ebenso wie für die Freizeitgestaltung, für die Kindererziehung, für Gespräche, die wir führen, für unsere Lektüre, für das Essen und die Kleidung, für die Stunden der Ruhe, für jede noch so unscheinbare Handlung. Es gilt auch in den Überraschungen, die jeder Tag bringt, in den unvorgesehenen Dingen, die Gott für uns bereithält. Sogar dann – welch ein Trost, das zu wissen! –, wenn wir wegen einer Krankheit äußerlich zur völligen Untätigkeit verurteilt sind und kein Ende absehbar ist.

Es ist eine oft ausgesprochene und doch immer wieder vergessene Wahrheit, daß es nicht so sehr darauf ankommt, *was* wir tun oder tun können (auch nicht im Apostolat). Worauf es ankommt, ist die Liebe, die unser ganzes Leben beseelen soll. Ob einer nun viel oder wenig tun kann: Lieben kann jeder, und das ist es, was vor Gott am meisten zählt. Ja, auf die Liebe kommt es an. Sie bringt die Welt voran, und unser Leben wird um so mehr Frucht bringen, je mehr es von der Liebe durchdrungen ist.

Freilich sollten wir uns bewußt sein, daß Liebe nicht gleich Liebe ist. Die geläuterte Liebe eines Menschen, der sich wie Christus am Kreuz verzehrt, ist gewiß mächtiger als die Liebe dessen, der das Schöne, das ihm das Leben bereithält, nicht für sich behält.

Um den Bedürfnissen unserer Zeit gerecht zu werden, sollten wir Christen alles, was wir tun, aus Liebe tun. Seien wir wachsam, damit sie uns nicht fehlt, wenn das Leben schwierig und hart wird.

Glaube und Wissenschaft

Auch wenn wir die jeweiligen Bereiche unterscheiden müssen, so wäre es falsch zu sagen, daß Glaube und Wissenschaft völlig getrennte Wege gehen. Der Glaube kann Licht für die Wissenschaft sein, und die Wissenschaft kann zur Vertiefung des Glaubens beitragen. Beide sind auf der Suche nach der Wahrheit. Dabei geht es dem Glauben mehr um die unsichtbare, transzendente Wahrheit, die alles Geschaffene trägt. Die Wissenschaft hingegen ist eher dem Sichtbaren zugewandt, wobei sie eigentlich erst dann ans Ziel gekommen ist, wenn sie die Ursache von allem ergründet hat.

Der wissenschaftliche Fortschritt und die bahnbrechenden Möglichkeiten, die er uns eröffnet, können freilich auch nachdenklich stimmen. Nach der ersten Mondlandung wurden Befürchtungen laut, daß die Wissenschaft zum Abgott werde, zu einem Fetisch, den die einen verehren und vor dem die anderen erschrecken. Zu Recht wurde betont, daß wir der Wissenschaft bei aller Bewunderung den Platz geben müssen, der ihr zukommt. Denn alles, was sie hervorbringt, ist Resultat menschlicher Anstrengungen, der Mensch aber ist nun einmal ein begrenztes Wesen, das zur Erkenntnis fähig ist, aber auch irren kann.

Die Wissenschaft gleicht der Sonne, die in einem Brennglas „eingefangen" ist. Wie anders ist die wirkliche Sonne – und doch ist es diese Sonne, die sich im Brennglas widerspiegelt. Ähnlich verhält es sich mit dem menschlichen Erkenntnisvermögen und der Schöpfung: Mit unserem Verstand fangen wir immer mehr von der geschaffenen Wirklichkeit und ihren Gesetzen ein und nehmen sie in uns auf. Und doch muß man wohl unterscheiden zwischen dem, was das Denken von der Schöpfung erfaßt und widerspiegelt, und dem, was die Schöpfung selbst ist.

Die Gesetze der Schöpfung sind etwas Objektives, Wahres. Alles Wahre aber verlangt nach der absoluten Wahrheit Gottes. Vor der Päpstlichen Akademie der Wissenschaften sagte Papst Paul VI., Gott wolle auch auf dem Wege der Wissenschaft gesucht und gefunden werden – freilich unter Wahrung der Autonomie menschlichen Forschens einerseits und des Glaubens andererseits.

Der Mensch ist die Krönung der Schöpfung; in der Vergangenheit wurde er als Mikrokosmos definiert. Bedenkt man dies, und vergegenwärtigt man sich, daß Gott, die absolute Wahrheit, in Christus Mensch wurde, Gott-Mensch, könnte man von einer Vermählung von Glauben und Wissenschaft sprechen. Vor diesem Hintergrund, so scheint mir, hat das Zweite Vatikanische Konzil die feste Überzeugung bekundet, daß sich Glaube und Wissenschaft in der Einheit des menschlichen Geistes integrieren lassen. Wenn die Erforschung der Schöpfung mit der Vertiefung des Geheimnisses Christi einhergeht, kommt dies beidem zugute: Die Wissenschaft wird ungeahnte Einsichten gewinnen, und der Glaube wird durch die wachsende Kenntnis des Universums tiefer in das Geheimnis Gottes eindringen.

Könnten wir den Schleier der Schöpfung lüften, würden wir den entdecken, der alles erhält, was wir sehen, der es ordnet und bewegt. Wir sähen Zusammenhänge, eine Verwandtschaft und Einheit – natürlich immer in der Unterschiedenheit von Geschaffenem und Ungeschaffenem –, daß wir sprachlos blieben.

Nicht selten haben Mystiker in Intuitionen oder intellektuellen Visionen etwas von dem erfaßt, was uns gewöhnlich verborgen bleibt. Mit unseren Augen nehmen wir lauter Einzeldinge nebeneinander wahr: Blumen, den Himmel, eine Quelle, die Sonne, den Mond, das Meer ...; wir sehen, wie die Nacht auf den Tag folgt usw. Stärker als all dies ist für die Mystiker das Licht der Liebe, die alles trägt und verbindet. Die Schöpfung erscheint ihnen wie ein einziges Liebeslied, als wären Steine und Schnee, Wiesen und Sterne in ihrem tiefsten Sein eins mit diesem Licht und untereinander, eines geschaffen als Geschenk für das andere, gleichsam ineinander verliebt.

Man kann sich vorstellen, daß Franziskus, dessen Geist von Liebe entflammt war, die Natur so gesehen hat. Denken wir an seinen Sonnengesang: Wenn er die Sonne und das Wasser „Bruder" und „Schwester" nennt, so ist das mehr als Poesie oder sentimentaler Überschwang. Es ist vielmehr Ausdruck einer tiefen Wahrheit, die er intuitiv erfaßt hat und die auch einem Wissenschaftler etwas sagen kann: Ausdruck der Einheit des ganzen Universums. Da Franziskus den Schöpfer alles Geschaffenen kennt und liebt, der – auf je andere Weise – für jedes Geschöpf „Vater" ist, sieht er die Geschöpfe untereinander in geschwisterlicher Beziehung.

Gläubige Wissenschaftler haben ihrerseits zu einem besseren Verständnis der Offenbarung beigetragen. Ein Beispiel ist Galileo Galilei. Seine Entdeckungen zeigen, daß die Heilige Schrift in naturwissenschaftlichen Fragen nicht wörtlich interpretiert werden darf. Wir müssen bedenken, daß die Bibel so geschrieben werden mußte, wie es dem Verstehenshorizont der Menschen damals entsprach.

In der mittelalterlichen Blütezeit der Theologie war diese eng mit der Wissenschaft verbunden, doch nicht selten auf Kosten der Freiheit der Wissenschaften. Einer Theologie gegenüber, die sich einem christlichen Humanismus verschloß, begann die Wissenschaft eigene Wege zu gehen. Heute, so hoffen wir, beginnt eine neue Phase, in der sich Philosophie, Theologie und Naturwissenschaft einander nähern. Eine solche Entwicklung wäre zu wünschen; sie gereichte Gott zur Ehre – und auch den Menschen. Eine der „Aufgaben der kommenden Epoche", so Maritain, „wird die Versöhnung von Wissenschaft und Weisheit in einer Einheit sein, in der jede ihre Eigenständigkeit wahrt".[13]

Reflexionen nach den Raumflügen

Technik und Wissenschaft von heute können uns auch im theologischen Bereich manches veranschaulichen. Denken wir etwa an die Mondflüge und an das Zusammenspiel der beteiligten Menschen. Jeder mußte an seinem Platz seine Verantwortung wahrnehmen, um die glückliche Rückkehr der Astronauten zu gewährleisten. Wesentlich war das Einvernehmen der Astronauten mit der Bodenstation, die vorbehaltlose Befolgung ihrer Weisungen, das perfekte Zusammenspiel mit den Wissenschaftlern und Technikern auf der Erde, die ihnen alle nötigen Informationen gaben.

Als ich darüber nachdachte, kam mir das Geheimnis der Kirche in den Sinn, besonders einige Aspekte, die in unserer Zeit deutlicher geworden sind.

Das Zweite Vatikanische Konzil hat versucht, das wahre Antlitz der Kirche darzustellen. Eines der fruchtbarsten Ergebnisse besteht darin, daß die Kirche nicht nur in ihrer vollkommenen Einheit, sondern auch in ihrer Vielfalt ansichtig wurde. Es ist ein Zeichen von Reife, daß ein berechtigter Pluralismus anerkannt und gewünscht wurde. Dies läßt – was zuvor undenkbar schien – eine weitere Vertiefung erhoffen, die die einzigartigen Reichtümer der einzelnen Ortskirchen zum Vorschein bringen wird. Die Verschiedenheit ist selbstverständlich nur in der Einheit möglich, wie Gott *als der Eine* dreifaltig ist.

Damit die Ortskirchen ihre Aufgabe innerhalb der universalen Kirche möglichst wirksam und zum Wohl der Menschheit erfüllen können, verlangt Christus von ihnen eine doppelte Ausrichtung.

Zum einen die Ausrichtung auf Einheit und Gemeinschaft der Glieder einer Ortskirche, auf ihr göttlich-menschliches Zusammenspiel. Wenn die Laien so seien, wie Gott sie wünsche, sagte Papst Paul VI. einmal, werde die Kirche neue Zeiten erleben; sie sehe sich nach dem Bild der urchristlichen Tradition geformt, in geschwisterlicher Eintracht und tätiger Nächstenliebe gestärkt; ihre Ausstrahlung in der Welt werde größer und segensreicher. Paul VI. sah eine Rückkehr zum Zeugnis der ersten Christen voraus, die „ein Herz und eine Seele" (Apg 4,32) waren.[14]

Sodann die Ausrichtung der Ortskirchen auf die Einheit mit dem Papst. In unserer Zeit sind die Notwendigkeit und die Bedeutung der Kollegialität der Bischöfe neu ins Bewußtsein gerückt. Darüber sollte man freilich nicht vergessen, daß Jesus nur zu einem einzigen Menschen gesagt hat: „Du bist Petrus, und auf diesen Felsen werde ich meine Kirche bauen" (Mt 16,18). Als Nachfolger Petri ist der Papst das „sichtbare Prinzip und Fundament für die Einheit der Vielfalt von Bischöfen und Gläubigen"[15].

Bei einem Raumflug kommt es darauf an, sich auf der von der Bodenstation festgelegten Bahn zu bewegen. Sonst steht das ganze Unternehmen auf dem Spiel. Ähnlich müssen die Ortskirchen den von Christus gewiesenen Weg – die Einheit mit dem Papst – einschlagen, um die Menschen zum Reich

Gottes zu führen. Wie die Astronauten bei der Bodenstation in Housten nachfragten: „Liegen wir richtig?", so müssen sich die Ortskirchen an den Nachfolger Petri wenden. Der Papst hat die Gabe, ihnen zu sagen, ob sie auf dem richtigen Weg sind oder nicht.

Diese doppelte Ausrichtung auf die tiefe Einheit untereinander und mit Rom macht es möglich, daß in jeder Ortskirche *die* Kirche ist. Es ist das Geheimnis des Leibes Christi, der nach dem Bild des dreifaltigen Gottes geeinten Kirche.
Wenn diese Ausrichtung für die Kirchen gilt, die auf dem Fundament der Apostel gegründet sind, wieviel mehr gilt sie dann für Spontangruppen und Bewegungen, die unter den Gläubigen entstanden sind oder entstehen werden. Wenn sie entsprechend leben, werden wir in einem allerorts anbrechenden Frühling erleben, wie sich das Wort bewahrheitet: „Wo zwei oder drei in Christi Namen versammelt sind, da ist die Kirche."[16]

Zwiegespräch mit der Liebe

Wenn von „Liebe", auch der göttlichen Liebe, die Rede ist, machen sich viele Menschen keine Vorstellung davon, wie vielgestaltig sie ist.

Ich weiß noch gut, Herr, wie ich dir begegnet bin: Damals machte ich mir keinerlei Gedanken, wie ich dich lieben könnte. Du warst einfach da, kamst auf mich zu und erfülltest mein Herz.

Ich weiß noch, daß ich manchmal vor Liebe zu dir brannte. Gewiß spürte ich hin und wieder auch die Bürde meines Menschseins, und schon damals begriff ich mit deiner Gnade ein wenig, wer ich bin und wer du bist. Dadurch habe ich verstanden: Die brennende Liebe in meinem Herzen ist dein Geschenk.

Dann hast du mir einen Weg gezeigt, wie ich dich finden kann. „Im Kreuz, in jedem Kreuz möchte ich dir begegnen. Umarme es: Dort findest du mich!" Wie oft hast du mir das gesagt. Zwar entsinne ich mich nicht mehr, wie du es begründet hast – eines aber weiß ich: Du hast mich überzeugt! Traf mich ein Schmerz, dachte ich an dich, und mit dem Willen sagte ich dir mein Ja ... Doch das Kreuz blieb: die innere Dunkelheit, ein Schmerz, der mir das Herz zerriß ... Wie viele Kreuze gibt es im Leben!

Später hast du mich gelehrt, dich in den Schwestern und Brüdern zu lieben. Wenn mich ein Schmerz traf, hielt ich mich nicht dabei auf. Ich sagte ja und wandte mich demjenigen zu, der gerade da war, ohne weiter an mich zu denken. Besann ich mich danach wieder auf mich, war der Schmerz oft gewichen.

So ging es Jahr um Jahr: beständige Übung im Umgang mit dem Kreuz, Askese der Liebe. Prüfungen kamen und gingen. Du weißt darum, und wenn du selbst die Haare auf unserem Haupt zählst, ist gewiß auch dies in deinem Herzen eingeschlossen.

Jetzt ist die Liebe anders. Es ist nicht mehr nur eine Sache des Willens ...

Daß Gott Liebe ist, wußte ich.
Doch daß er so ist, hätte ich nicht gedacht.

Beschleunigter Rhythmus

Die Konsumgesellschaft von heute will vor allem eines sparen: Zeit. Plakate, Funk und Fernsehen werben unentwegt mit Wörtern wie *sofort, direkt, in Sekundenschnelle, in wenigen Minuten* ...

Die bildende Kunst arbeitet manchmal mit elementaren Mitteln, begnügt sich mit wenigen schnellen Strichen, während sich Künstler früherer Jahrhunderte Zeit, viel Zeit für ihre Werke nahmen ... Wo wir vor einem Jahr noch über brachliegendes Land und Wiesen gingen, stehen heute schon große Häuserblocks; jahrzehntealte Straßen weichen binnen weniger Monate neuen Autobahnen ... Schnelligkeit ist die Devise. Ganz zu schweigen von den Kommunikationsmitteln, die Verbindungen über weite Entfernungen ermöglichen und tagelange Reisen ersparen.

Auch wer für höhere Dinge aufgeschlossen ist, auch Christen, die für die Geheimnisse des Glaubens empfänglich sind, stehen unter dem Einfluß dieses neuen Rhythmus, der die Menschheit, besonders in den Industrieländern, erfaßt hat. Stunden einsamer Kontemplation und ausgedehnter Betrachtung scheinen den meisten nicht mehr zeitgemäß. Man gibt kurzen Gebetsformeln den Vorzug, um das Ziel – nichts Geringeres als die Einheit mit Gott – zu erreichen.

In dieser Atmosphäre scheint mir ein Ausspruch aktuell, der gewiß auf Erfahrung beruht und Bonaventura zugeschrieben wird: Wer im geistlichen Leben nie stehenbleibt, kommt in vierzig Tagen weiter als ein anderer in vierzig Jahren, selbst wenn dieser in einem Kloster lebt und alle Hilfen zur Erreichung der Vollkommenheit zur Verfügung hat, doch ab und zu „in den Tälern der Unvollkommenheit und der läßlichen Sünden" stehenbleibt. – Eine eindrucksvolle Feststellung. Aber wie soll das gehen: sich nicht durch Unvollkommenheiten und kleine Sünden aufhalten lassen? Man müßte beständig nach Vollkommenheit streben, doch was heißt das?

Christus gibt uns die Antwort: Die Vollkommenheit besteht in der Liebe, in jener Liebe zu Gott, die in der geschwisterlichen Liebe ihren konkreten Ausdruck findet. „Wer liebt, ist aus Gott geboren", und „wer aus Gott geboren ist, sündigt nicht" (1 Joh 4,7; 5,18). Liebe zu den anderen bedeutet, beständig vom Tod zum Leben (vgl. 1 Joh 3,14) hinüberzugehen, in jenem Leben zu „bleiben", das Unterpfand für das Leben ohne Ende ist.

Eine neue Dimension der Liebe

Es entwickelt sich ein Humanismus neuen Stils, der in unterschiedlichsten Ideologien Gestalt annimmt und einzelne wie die Massen fasziniert. Vor diesem Hintergrund erscheint das christliche Gebot der Nächstenliebe von höchster Aktualität, geht es hier doch um einen Humanismus, in dem einzelne wie Völker einander aus der alles verwandelnden Perspektive der Person Christi sehen.

Im Zweiten Vatikanischen Konzil ist sich die Kirche der neuen Stellung des Menschen in der modernen Gesellschaft bewußt geworden. Es wird herausgestellt, „daß das Grundgesetz der menschlichen Vervollkommnung und deshalb auch der Umwandlung der Welt das neue Gebot der Liebe ist. Denen also, die der göttlichen Liebe glauben, gibt Christus die Sicherheit, daß allen Menschen der Weg der Liebe offensteht und daß der Versuch, eine allumfassende Geschwisterlichkeit herzustellen, nicht vergeblich ist".[17]

Paul VI. kommentierte: „Die Kirche stellt den Wert des Menschen heraus, sie respektiert ihn und macht dem Menschen seine Größe bewußt. Sie erniedrigt ihn nicht, sondern erhöht ihn. Sie schläfert ihn nicht ein, sondern weckt in ihm das Bewußtsein seiner Würde. Sie wird ihn nie verachten – wie könnte sie! –, sondern wertschätzen und lieben, sich ihm zuneigen, ihn umarmen und ihm gleichsam ihr eigenes Herz geben, wie Christus, der den Aposteln die Füße wusch, wie die Heiligen, die es fertigbrachten, Aussätzige und Kranke zu umarmen. Der Aufgabe der Kirche, den Menschen zu seiner vollen Entfaltung zu führen, entspricht die Liebe auf einzigartige Weise."[18]

Was das betrifft, hatten die Heiligen immer einen klaren Blick. Sie erreichten die höchste Form der Vollkommenheit, weil sie die Nächsten liebten.

Von Katharina von Siena wird erzählt: „Sie meinte, es sei zu wenig, nur das zu geben, worum man uns bittet, oder nur dem Gehör zu schenken, der uns anfleht. Deshalb machte sie sich selbst auf die Suche nach Bedürftigen. Nachts, wenn alle schliefen, legte sie Brot und Wein, Mehl oder ein Körbchen mit Eiern vor deren Tür, wie seinerzeit der heilige Nikolaus. Dann ging sie schnell weg, um von niemandem gesehen zu werden."[19]

Teresa von Avila, *die* Vertreterin eines kontemplativen Lebens, bekundet: „Der Herr will Taten. Er will beispielsweise, daß du dir keine Gedanken machst, wenn du einer Kranken Trost spenden und Erleichterung bringen kannst und dadurch eine Gebetszeit versäumst. Du sollst dir ihr Leid zu eigen machen und notfalls selbst fasten, um ihr etwas zu essen geben zu können ... Darin besteht die wahre Vereinigung mit dem Willen Gottes."[20]

Menschen, die dem Christentum nahestehen, denken ähnlich. Gandhi schreibt: „Wenn wir die lieben, die uns lieben, ist das noch keine Gewaltlosigkeit. Gewaltlosigkeit heißt die lieben, die uns hassen. Ich weiß wohl, wie schwierig es ist, diesem erhabenen Gesetz der Liebe zu folgen. Aber ist nicht das Große und Gute immer schwierig? Die Feindesliebe ist das Schwierigste überhaupt. Doch mit Gottes Hilfe wird selbst so Schwieriges leicht, wenn wir es wollen ..."[21] „Die goldene Regel besteht darin, für die Welt ein Freund zu sein und die ganze Menschheit als eine einzige Familie zu betrachten. Wer zwischen den Angehörigen seiner Religionsgemeinschaft und denen einer anderen Unterschiede macht, erzieht die Angehörigen seiner Religion schlecht und bereitet Ablehnung und Unglauben den Weg."[22]

Wenn heute das Gedankengut derer, die nicht an Gott glauben, großen Einfluß auf junge, oft unerfahrene Völker ausübt, so deshalb, weil in ihren Ideen eine gewisse Liebe zum Menschen zum Ausdruck kommt. In diesem Zusammenhang ist freilich daran zu erinnern, was Paul VI. in der Enzyklika „Über den Fortschritt der Völker" als wichtigen Grundsatz formulierte: Humanismus ja, aber „offen auf das Absolute hin" (*Nr. 42*). Sonst, so würde der Apostel Paulus mahnen, „nützte es nichts" (1 Kor 13,3).

Paul VI. präzisiert treffend, daß das christliche Liebesgebot Entwicklungsmöglichkeiten beinhalte, die keine Philanthropie und keine Soziologie je einholen könne. Zugleich stellt er fest, daß unsere Liebe noch eingeschlossen sei in die Grenzen unserer Gewohnheiten, Interessen und Egoismen. Diese Grenzen müßten gesprengt werden.[23]

Ziehen wir die entsprechenden Konsequenzen: Eine Umwandlung unserer Beziehungen im Sinne der christlichen Liebe ist dringend erforderlich – der Beziehungen zu Eltern, Verwandten, Bekannten und Kollegen wie der Beziehung zu Menschen aller Erdteile. Die Liebe erleuchtet, sie drängt zu persönlichen Taten, zum Engagement für soziale Initiativen, zur Errichtung und Unterstützung von Krankenhäusern, Schulen, Waisenhäusern, Heimen usw. Wenn, wie man sagt, schon ein aus Liebe gereichtes Glas Wasser seinen Lohn haben wird, werden diese Ausdrucksformen der Liebe gewiß nicht die schlechteste Vorbereitung auf das „Schlußexamen" am Ende unseres Lebens sein. Christus wird uns sagen:

„In deinem Mann, in deinen Kindern war *ich* hungrig – und genauso in der notleidenden Bevölkerung in Indien und andern Ländern. Du hast mich in ihnen erkannt und hast mir zu essen gegeben.

Ich hatte Durst, war nackt in deinen Kindern wie in deinen Schwestern und Brüdern aus vielen Nationen, die unter unmenschlichen Bedingungen ihr Leben fristen. Du hast mich erkannt und mir gegeben, was du hattest.

Ich war verwaist, hungrig, krank in dem Kind aus der Nachbarschaft – und in den Kindern, die von einer Naturkatastrophe heimgesucht wurden. Du hast keine Mühe gescheut, mir zu helfen.

Du hast deine Schwiegermutter oder deinen nervösen Partner ertragen – und ebenso deine Arbeiter, die dich unter Druck setzten oder deinen Arbeitgeber, der so wenig Verständnis besaß. Du warst überzeugt, daß nur aus einer Liebe mit einer gesellschaftlichen Dimension soziale Gerechtigkeit erwachsen kann, und du hast entsprechend gehandelt: Das hast du für mich getan.

Du hast deinen Verwandten im Gefängnis besucht – und gebetet und dich eingesetzt für die, die unterdrückt oder ‚geistig vergewaltigt' wurden ..."

Wenn der Herr uns das sagen kann, werden wir nur noch danken können. Danke, mein Gott, daß du uns auf Erden einen Weg, den direktesten, kürzesten Weg gezeigt hast, um geradewegs unsere ewige Bestimmung zu erreichen.

Nicht nur ein Traum

Malen wir uns einmal aus, daß eines schönen Tages jemand aufwacht und feststellt, daß sich alles um ihn herum verwandelt hat. Nach der ersten Überraschung beginnt er, sich interessiert umzuschauen. Er sieht alles mit neuen Augen ... Da ist einer in sein Leben eingetreten, der ihn innerlich erfüllt und alles in göttliches Licht taucht. Nichts ist wie zuvor: Die bekannten Gesichter der Freunde, des Bettlers an der Straßenecke, der Arbeitskollegen, die sich mit ihm den ganzen Tag abplagen, der schwerkranken Nichte, des alten Großvaters, die Gesichter seiner Kinder, seiner Frau ... – plötzlich nimmt er sie ganz anders wahr; sie erscheinen ihm in eigentümlicher Schönheit. Ein Licht fällt auf sie: Es sind einzigartige, edle Gesichter.

Er vernimmt eine ganz leise warme, väterliche Stimme, aus der Liebe spricht, wahre, aufrichtige Liebe. Diese Stimme gilt ihm, ihm ganz persönlich, ihm, der sich oft übergangen, armselig, allein und unnütz vorkam, als ein Niemand in der Masse, untergegangen in der Anonymität der Gesellschaft. Die Stimme sagt ihm bestimmt und sanft zugleich: Tu das, tu jenes. Und er, ein eher sturer, manchmal rebellischer Charakter, vermag sich diesen Weisungen einfach nicht zu entziehen ... Er erkennt sich selbst nicht wieder. Er, der Träge, Lustlose, ewig Müde macht sich mit jugendlichem Elan selbst an schwierige Arbeiten ... Was um ihn herum geschieht, Nachrichten, die er hört oder liest, erfreuliche und bedrückende Neuigkeiten, alles bekommt einen neuen Sinn. Unscheinbare Begebenheiten ordnen sich für ihn in größere Zusammenhänge, öffnen ihm Horizonte, lassen ihn tiefe Zusammenhänge der Geschichte erahnen. Mitten im Chaos der täglichen Ereignisse beginnt er einen roten Faden zu entdecken, der alles zu verbinden und zu ordnen scheint. Er ist voller Zuversicht, daß sich alles zusammenfügen und schließlich zu einem guten Ziel geführt wird.

So intensiv ist das Licht, das seinen Geist erhellt, so stark die Liebe, die seinen Willen bewegt, daß er sich nicht zufriedengibt, bis er den anderen weitergegeben hat, was er erlebt und empfindet. Er möchte, daß sie an seiner Erfahrung teilhaben und die Freude teilen können, die sein Herz weit macht.

Sein Tag endet mit einem Sonnenuntergang, der ihm wie die Morgenröte vorkommt, und den nächsten Tag erlebt er wie eine weitere Folge eines großartigen Films, dessen Fortgang er nur zum Teil erahnt. Ein anderer führt Regie. So erwartet er voller Freude, was kommt, und läßt sich auf dieses göttliche Abenteuer ein. Ein neuer Weg hat sich ihm aufgetan – fürs ganze Leben, sofern er nur hellhörig bleibt für jene Stimme. Sein Herz aus Stein ist ein Herz aus Fleisch geworden und soll es bleiben, um den zu lieben, der ihn liebt, um zu tun, was Gott gefällt.

* * *

Eine solche Wandlung, die Verklärung der Menschen und der Welt ist nicht nur Traum, nicht nur Phantasie. Sie ist die nicht seltene Erfahrung des Christen, dem eines schönen Tages aufgeht, daß

Gott Liebe ist und daß Gottes Liebe ihm gilt. Dann kann er nicht anders, als sich ihm vertrauensvoll zu überlassen. Sein Leben nimmt eine andere Richtung. Enttäuscht von der Mühe, selbst sein Schicksal zu bestimmen, was ihn doch nie ganz befriedigt, beschließt er, dem zu folgen, was Gott für ihn vorgesehen hat. Er erinnert sich, daß er eine große Gabe besitzt: die Freiheit. Ihm wird klar, daß es für ein Geschöpf, das Kind Gottes ist, nichts Vernünftigeres geben kann, als seine Freiheit dem zu überlassen, der sie ihm gegeben hat. Fortan will er nicht mehr seinen, sondern den Willen Gottes tun.

Dies ist die große Entdeckung, die weise Entscheidung der wahren Christen. Therese von Lisieux sagte: „Nur eines fürchte ich, meinen Willen zu behalten."[24] Und Johannes XXIII. schrieb: „Meine eigentliche Größe besteht darin, ganz und in vollkommener Weise den Willen Gottes zu tun."[25] Katharina von Siena, die aus Erfahrung wußte, welche Wirkung es hat, wenn jemand freudig den Willen Gottes tut, rief aus: „O sanfter Wille, du spendest Leben und nimmst den Tod hinweg, gibst Licht und vertreibst das Dunkel!"[26] Johannes vom Kreuz sagt von Menschen, die tief im christlichen Leben verwurzelt sind, daß der Wille ihrer Seele und der Wille Gottes „einander gleichförmig sind, so daß es in dem einen nichts gibt, was dem anderen widersteht"[27]. Wenn der Wille der Seele in den Willen Gottes verwandelt wird, geht er nicht verloren; vielmehr findet sich die Seele „durch die Liebe umgestaltet in Gott"[28].

Die Bereitschaft, den Willen Gottes und nicht den eigenen zu tun, ist die einzig vollkommene Haltung. *Alle* Christen müßten sie sich zu eigen machen ... Ein solches authentisches christliches Leben erhebt den Menschen, läßt ihn seine Größe, seinen Adel, ja einen Hauch von Paradies spüren. Die oft so eintönige, farblose Existenz des Menschen wird von Grund auf gewandelt. Paul VI. hat darauf hingewiesen, daß die großen Heilspläne Gottes mit den gewöhnlichen Lebensumständen einhergehen und sich darin einfügen. „Wir wissen", so der Papst, „daß das Geheimnis eines *großen Lebens* darin besteht, den eigenen launischen Willen ... mit dem Willen Gottes in Einklang zu bringen ..., einzutreten in die Pläne seiner Allsicht, seiner Barmherzigkeit und Großmut ... Ein jeder müßte sich, achtsam auf die Stimme des Himmels, die Frage stellen: Was ist der Wille Gottes für mein Leben? ... Kein Leben ist banal ... Wir sind zu Großem bestimmt, für das Reich Gottes, ... zur Lebensgemeinschaft und Erhöhung mit ihm."[29]

Die verschiedenen Ideologien, die heute die Gesellschaft bewegen, haben ihre je eigene Sicht der Welt, die sich möglichst attraktiv darstellt, um einzelne und Massen zu begeistern. Viele leben in der Hoffnung auf eine bessere Zukunft, wobei es ganz unterschiedliche Interpretationen des Menschen, der Geschichte und des Ziels der Menschheit gibt. Damit sie nicht – wenn auch in guter Absicht – für die Bewohner unseres Planeten zu einer trügerischen Hoffnung werden, ist von uns Christen verlangt, an allen Orten der Erde, wo wir sind, die Botschaft des Evangeliums möglichst authentisch anzubieten. Tun wir es so engagiert und überzeugt, daß man auch von uns einmal sagen kann: „Was die Seele im Leib ist, das sind die Christen in der Welt."[30]

Einzelne und Gruppen sind heute auf der – manchmal geradezu verrückten – Suche nach einem alternativen Lebensstil. Es zeigt sich, daß Geld und Wohlstand den menschlichen Geist nicht befriedigen können. Einige flüchten sich in ungezügelte Vergnügungen, in erotische Torheiten oder suchen durch Drogen die Erfahrung einer Welt der Halluzinationen.

Als Christen müssen wir unsere Sicht der Welt einbringen. Bedenken wir dabei, daß nicht alles negativ ist, was die anderen umtreibt: Es ist ja vor allem die Sehnsucht nach dem Glück, ohne die der Mensch nicht er selbst wäre. Zur Fülle der Freude führt ein Christentum, das so gelebt wird, wie Christus es uns gelehrt hat: Freude auch im Schmerz, Freude als Frucht aus dem Schmerz, aus der Hingabe seiner selbst, aus dem Verzicht auf unser egoistisches Wollen, damit Gott Raum bekommt und sich seine Pläne voll Weisheit und Licht erfüllen – für die Welt und jeden von uns.

Universale Geschwisterlichkeit

Offenkundig ist der Heilige Geist machtvoll am Werk, um die christlichen Kirchen zur Einheit zu führen. Aber auch in der Menschheit als ganzer, ob gläubig oder nicht, weht ein neuer Geist, der kaum als bloße Frucht menschlicher Bemühungen oder als zivilisatorische Errungenschaft aufgefaßt werden kann. Ein tiefes Gespür für die universale Geschwisterlichkeit bricht sich Bahn – trotz aller schmerzlichen Rückschläge. Das Pauluswort: „Es gibt nicht mehr Juden und Griechen, nicht Sklaven und Freie" (Gal 3,28) bietet sich an als Slogan für unsere Zeit, vor allem für die Jugend.

Heute sind Begegnungen mit Angehörigen anderer Religionen möglich, die noch vor einigen Jahren vielen undenkbar schienen. Christen, die gemeinsam ihren Glauben leben und in Kontakt mit Muslimen kommen, stellen fest, welche Resonanz die Botschaft von Gott, der Liebe und Vater aller ist, findet. Denn Gott ist nicht nur der Große, der Mächtige, der Allwissende, der Lebendige, der Seiende, der Wirkliche, das Licht; er ist *Liebe*. Ähnliches geschieht in Begegnungen mit Angehörigen von Naturreligionen. Auch unter ihnen stößt die Entdeckung Gottes als Liebe, als eines Vaters, der all seine Kinder liebt, auf größtes Interesse.

In der nichtchristlichen Welt, so scheint es, nähern sich viele einem neuen, tieferen Verständnis Gottes. Und für manche Christen ist es die große Neuentdeckung: Gott ist die Liebe, unser aller Vater.

LIEBE VERWANDELT

„Gott ist die Liebe" (1 Joh 4,8.16).

Eines ist das Wissen, daß Gott existiert, daß wir uns an ihn wenden können, daß er Erbarmen mit uns hat, daß sein Sohn für unsere Sünden bezahlt hat. Etwas anderes ist das lebendige Bewußtsein, daß wir im Zentrum der Liebe Gottes stehen: Dies befreit aus aller lähmenden Angst, aus Einsamkeit und dem Gefühl des Verwaistseins, aus aller Unsicherheit.

Wenn ein junger Mensch sich geliebt weiß, ändert sich das ganze Leben für ihn: Alles ringsum beginnt zu leuchten, jede Kleinigkeit gewinnt Bedeutung, und er selbst wird offener und liebevoller.

Um wieviel stärker ist die Erfahrung eines Christen, dem aufgeht, daß Gott wirklich Liebe ist, daß Gott *ihn* liebt. Der graue Alltag bekommt Farbe; ein tragisches Schicksal verliert an Härte; eine ruhelose Existenz findet Frieden. Man ist bereit, seine begrenzten Pläne und Programme zu ändern und sich auf das einzulassen, was in Gottes Plänen liegt. Wer sich von Gott geliebt weiß und mit seinem ganzen Wesen an diese Liebe glaubt, überläßt sich seiner Liebe voll Vertrauen; ihr will er folgen. Die Liebe erhellt sein Leben; hinter traurigen wie freudigen Ereignissen steht, so weiß er, die Liebe dessen, der dies gewollt oder zugelassen hat. Hinter allem, hinter jeder Begegnung, hinter den Pflichten verbirgt sich der Wille des Einen, dessen Liebe nicht täuschen kann und der alles zum Guten führt.

Das Geschöpf, das zuvor schwach und wankend war, tritt in Beziehung mit dem unsichtbaren Schöpfer, der ihm Sicherheit und Stärke, Licht und Liebe gibt. Wenn einem Menschen die Liebe seines Gottes offenbar geworden ist, wenn Gott ihm seine Liebe erklärt hat, kann er nicht länger widerstehen: Wie könnte er nicht seinerseits Gott seine Liebe erklären? Damit beginnt sein Weg hinauf zum Ziel, zu dem wir alle berufen sind: verwirklichte Christen, heilig zu sein.

Gott ist die Liebe. An seine Liebe glauben, auf seine Liebe antworten: das ist das Wesentliche – gerade in unserer Zeit, in der besonders die junge Generation nach Wesentlichkeit verlangt.

WER IN IHM BLEIBT ...

Wenn wir – zu Recht – sagen, daß Christus uns Gottes Liebe gebracht hat, so sollten wir seine Botschaft nicht verharmlosen. Denn sie enthält auch ernste Worte, in denen der „Zorn Gottes" über jene spürbar wird, die seine Güte mißbrauchen, sich der Wahrheit verweigern und nicht zu ihrem Wort stehen.

Eine Rede Jesu aus dem Johannesevangelium hat mich sehr berührt. Sie beginnt so: „Ich bin der wahre Weinstock, und mein Vater ist der Winzer. Jede Rebe an mir, die keine Frucht bringt, schneidet er ab, und jede Rebe, die Frucht bringt, reinigt er, damit sie mehr Frucht bringt" (Joh 15,1f). – Unfruchtbare Reben „schneidet er ab" ... Ich erschrak, als ich das wieder einmal las, und ich dachte mir: Hier ist nicht zu spaßen. Gerade weil Gott Liebe ist, ist er auch gerecht. In Jesu Gleichnissen ist viel von der Gerechtigkeit die Rede ...

Gott reinigt und beschneidet uns, damit wir „mehr Frucht" bringen: Ist das nicht eigentlich das Beste für uns, etwas, womit wir als Christen rechnen sollten? Es kann ja Zeichen dafür sein, daß er uns bearbeitet, nachdem wir schon ein wenig geliebt haben. Doch wie dem auch sei – dem Schmerz werden wir in diesem Leben immer begegnen, gleich, ob und wie wir Gottes Gnade entsprechen. Gott „schneidet ab" oder „reinigt".

Viele Menschen tun sich heutzutage schwer, die Schwierigkeiten des Lebens als Prüfungen aus der

Hand Gottes zu verstehen und anzunehmen. Innerer Widerstand und Unmut erfassen auch Christen; man wünscht sich eine Ruhepause im Bemühen, Gott und den Nächsten zu lieben. Dahinter steht manchmal eine fragwürdige Form von Protest gegen das Leid – fragwürdig, weil die Bedeutung, die dieses haben kann, verkannt wird. Auch praktizierende Christen sind vor dieser Einstellung nicht gefeit.

Wenn wir mit dem Weinstock verbunden sind, sollten wir eigentlich die Arbeit des Winzers, der beschneidet, begünstigen. Der beste Weg, die Verbindung zu halten, das göttliche Leben in uns nicht zu verlieren, sondern es zu nähren, besteht darin, *im gegenwärtigen Augenblick* die besondere Gnade zu nützen, die Gott uns immer neu schenkt. Er selbst kommt uns ja zu Hilfe, damit wir in jedem Moment, in jeder Lebenslage seinem Willen entsprechen können. Das beinhaltet selbstverständlich den Verzicht auf Wünsche, die seinem Willen entgegenstehen. Es ist eine Art Selbstbeschneidung, die unserer wahren Entfaltung zugute kommt und Christus in uns leben läßt. Und darum geht es: „Bleibt in mir, dann bleibe *ich* in euch" (Joh 15,4).

Jesus fährt fort: „Ich bin der Weinstock, ihr seid die Reben. Wer in mir bleibt und in wem ich bleibe, der bringt reiche Frucht; denn getrennt von mir könnt ihr nichts tun" (Joh 15,5).

„Reiche Frucht" – eine erste Auswirkung des göttlichen Lebens in uns. Die geistliche Fruchtbarkeit eines Christen, einer christlichen Gemeinschaft oder Bewegung entspricht dem inneren Leben eines jeden; sie hängt davon ab, inwieweit die „Reben" mit dem Weinstock verbunden sind.

Weiter heißt es: „Wer nicht in mir bleibt, wird wie die Rebe weggeworfen, und er verdorrt. Man sammelt die Reben, wirft sie ins Feuer, und sie verbrennen" (Joh 15,6). Hier erfaßt uns aufs neue die Furcht und den einen oder anderen vielleicht auch der Schrecken; denn man kann nicht ermessen, wohin es führt, wenn wir uns der Gnade bewußt widersetzen. Und wer sich schon am Ziel wähnt, sollte sich daran erinnern, daß man um so tiefer fallen kann, je höher man steht.

Eine weitere Frucht des Eingegliedert-Bleibens in Christus nennt der nächste Vers: „Wenn ihr in mir bleibt und wenn meine Worte in euch bleiben, dann bittet um alles, was ihr wollt: Ihr werdet es erhalten" (Joh 15,7).

Wie oft ist unser Herz voller Sorge! Da leidet einer, und wir können nichts für ihn tun ... Dort hat jemand einen Angehörigen verloren, und wir sind gerade jetzt weit weg, so daß wir ihm nicht zur Seite stehen können ... Hier ist einer schwer enttäuscht und braucht Trost ... Es wäre uns ein Herzensanliegen, diese oder jene Sache zu unterstützen; wieder einmal steht alles auf Messers Schneide ... So vieles lastet auf unseren schwachen Schultern!

Was sollen wir tun? Jesus sagt: „Bittet ... Ihr werdet es erhalten!" Und zwar dann, wenn wir in ihm bleiben. „Um alles" dürfen wir ihn bitten; er kann uns alles schenken, während wir selbst uns immer nur einer Sache widmen können.

Und noch etwas ist uns verheißen, wenn wir am Weinstock bleiben: die Möglichkeit, Gott zu verherrlichen. Das ist der tiefe Wunsch vieler Christen, ein Grundmotiv, das die großen Heiligen verbindet. Der Heilige Geist selbst weckt dieses Verlangen.

Doch wie geht das: Gott verherrlichen? – „Mein Vater wird dadurch verherrlicht, daß ihr reiche Frucht bringt ..." (Joh 15,8).

Sodann spricht Jesus offen aus, wie er die Seinen liebt. Es ist eine Liebe, die nach einer Antwort der Liebe verlangt. Und er schließt mit einer weiteren Verheißung: „Dies habe ich euch gesagt, damit meine Freude in euch ist und damit eure Freude vollkommen wird" (Joh 15,11).

Frucht bringen, Gnaden erhalten, Gott verherrlichen, die Fülle der Freude haben – unschätzbar Großes hält Gott für die bereit, die mit seinem Sohn verbunden bleiben.

WIE JESUS

Wenn uns im Laufe des Tages bei der Arbeit oder in der Schule jemand begegnet, haben wir nur eines zu tun: ihn lieben. Ihn lieben, *wie Christus* ihn liebt. Christus selbst wird uns verstehen lassen, was das heißt. Wenn wir auf seine Stimme hören, werden wir weder übertrieben noch nachlässig handeln.

Nicht übertrieben handeln ...

Wir wissen selbst, daß wir nicht besser sind als alle anderen, und nur Gott weiß, wie wenig wir den Gnaden, die er uns geschenkt hat, entsprochen haben. Und doch mahnt uns das Evangelium, das Heilige nicht den Hunden vorzuwerfen (vgl. Mt 7,6). Das heißt: nur dort vom „Heiligen" sprechen, wo man darauf vorbereitet ist. Sonst könnte es passieren, daß „Perlen zertreten" und wir „zerrissen" würden (ebd.). Wir sollen also nicht bei jeder Gelegenheit reden. Freilich trägt uns dasselbe Evangelium an anderer Stelle auf, den Nächsten zu lieben wie uns selbst (vgl. Mt 19,19). Das beinhaltet, ihn nach Möglichkeit teilhaben zu lassen an dem inneren Reichtum, der uns zuteil wurde. Denen, die offen und empfänglich sind, sollen wir das Licht, das Gott uns schenkt, weitergeben. So kommt es darauf an, Jesus zu bezeugen: einmal ohne Worte, einfach durch unser Leben, ein andermal auch dadurch, daß wir von ihm sprechen.

Eine andere Übertreibung bestünde darin, das Leben nach dem Evangelium als etwas Abenteuerliches, Poetisches oder Romantisches hinzustellen, um andere dafür zu gewinnen. Doch eine derartige Pseudo-Frohbotschaft nährt nur die Eigenliebe, fördert womöglich ein falsches Sendungsbewußtsein und führt zu allerlei phantastischen Ausschmückungen. Rauben wir dem Leben nach dem Evangelium nicht ausgerechnet das Schönste: die Normalität eines übernatürlichen Lebens, das klar und harmonisch ist, weder gekünstelt noch übertrieben, sondern einfach wie die Natur. Von Maria, der Mutter Gottes und unserer Mutter, sind keine aufsehenerregenden Taten bekannt. Sie tat nur den Willen Gottes; sie liebte Jesus und stand den Aposteln bei. Und dabei hat sie, so scheint mir, das Evangelium wie kein zweiter gelebt.

Nicht nachlässig sein, es nicht an Liebe fehlen lassen ...

Das heißt zum Beispiel, nicht zu sehr auf die eigenen Pflichten fixiert zu sein. Wer meint, der Wille Gottes komme nur darin zum Ausdruck, ist nicht mehr offen für das, was Gott ihm durch besondere Umstände zu verstehen gibt. So kommt es, daß er einen, der seine Programme durcheinanderbringt, links liegen läßt. Von Gottverbundenheit kann man da nicht sprechen; denn dies hieße, hinzuhören auf das, was Gott im Augenblick möchte.

Bei aller vermeintlichen treuen Pflichterfüllung hängt der Betreffende im Grunde nur an sich selbst. Die Poesie des Evangeliums, seine immer neuen Überraschungen bleiben ihm verschlossen. Er vermag nicht wahrzunehmen, wie der Vater im Himmel unser Leben begleitet; schwerlich entdeckt er den goldenen Faden seiner Liebe, der sich durch das

Leben aller Menschen zieht, auch der einfachsten, unbekannten.

Während die einen überspannt erscheinen, wirken die anderen schwerfällig und farblos. Ihre Gegenwart ist nichtssagend; man macht einen Bogen um sie.

„Christen" sind Menschen, in denen Christus lebt. Zu ihnen kommt man gern – in Liebe und Furcht zugleich; denn wie Christus strahlen sie Liebe und Wahrheit aus. Sie sind „das Licht der Welt" (Mt 5,14).

ENTWICKLUNGSBEDARF

Die „Dritte Welt". Man spricht viel von ihr und tut auch etwas für sie. Hunger, ungenügende Kleidung, die elenden Behausungen, Unwissenheit, Analphabetismus, Krankheiten und die moralischen Folgen fordern in vielen Ländern der Erde erschreckend viele Opfer. Die Medien haben diese schändlichen, erschütternden Wunden ans Licht gebracht. Die Enzyklika „Über den Fortschritt der Völker" war ein unüberhörbarer Appell, ein Anruf Christi im 20. Jahrhundert. Sie hat Verbände, Vereinigungen und einzelne, die sich bereits für die Entwicklungsländer engagierten, in ihrem Tun bestärkt. Und sie war eine Einladung an die Welt, weit mehr als bisher zu tun: sich für den Fortschritt einzusetzen, der heute ein anderes Wort für Frieden ist. Manches ist und wird geschehen. Nicht immer aber führen die eingesetzten Kräfte und Mittel zu den erwarteten Resultaten. Wir stellen allenthalben fest, daß sie in keinem Verhältnis zu unseren Bemühungen stehen, und merken, wie wahr das Wort ist, daß der Mensch nicht allein vom Brot lebt (vgl. Lk 4,4). Es gibt etwas, was die Arbeit derer, die sich für unsere notleidenden Schwestern und Brüder einsetzen, hemmt ...

Wenn wir Christen nicht als Heuchler erscheinen wollen, müssen wir ehrlich zugeben, daß auch wir „unterentwickelt" sind, und zwar in unserem Christsein. Man muß gar nicht auf manche besorgniserregende Statistik hinweisen, etwa auf den

Rückgang der Taufen oder der Kirchenbesucher, auch nicht auf die zunehmende Säkularisierung: Ich denke zunächst an uns, die wir uns als Gläubige bezeichnen und womöglich als „gute Christen" gelten.

Es kann einen erschauern lassen, wenn man betrachtet, wie sich viele Heilige einen echten Christen vorstellen. Ob Katharina von Siena oder Teresa von Avila, ob Thomas von Aquin oder Franz von Sales, sie alle stimmen darin überein, daß sich nur derjenige als Christ, als verwirklichter Christ bezeichnen kann, der die Liebe voll in sich entfaltet hat. Für jeden von uns gilt das Gebot: „Du sollst den Herrn, deinen Gott, lieben mit ganzem Herzen und ganzer Seele, mit all deinen Gedanken und all deiner Kraft" (Mk 12,30). Dem entspricht überdies das Wort des Meisters: „Ihr sollt also vollkommen sein, wie es auch euer himmlischer Vater ist" (Mt 5,48) – ein oft so wenig verstandenes Wort, das an uns alle gerichtet ist. In Anlehnung an Franz von Sales sagte Pius XI. dazu folgendes: „Niemand soll meinen, diese Forderung sei bloß an eine kleine Gruppe Auserwählter gerichtet, während die anderen sich mit einem geringeren Maß an Tugend begnügen dürften. Dieses Gebot verpflichtet ganz offenkundig alle Menschen ohne Ausnahme."[31]

Es ist wichtig zu reifen. Denken wir daran, wie sich aus einer Apfelblüte zuerst ein Fruchtknoten bildet: Keiner würde ihn als Apfel bezeichnen. Dann wächst er, wird allmählich zur Frucht. Anfangs sind die Äpfel noch grün und sauer, unreife Früchte. Sie brauchen noch mehr Sonne, müssen saftiger werden, um den Menschen als Nahrung zu dienen.

In ähnlicher Weise müssen wir als Christen reifen. Wir sind Christen durch die Taufe, dann Christen in der „Entwicklungsphase". Wir müssen in der Liebe wachsen. Wenn das Leben, das Gesetz und die Heiligkeit Christi in uns Gestalt angenommen haben, dann tragen wir den Namen „Christ" mit vollem Recht.

Der Vergleich macht begreiflich, daß es keineswegs abwegig ist, sich als mehr oder weniger „unterentwickelter Christ" zu fühlen. Nun stellt sich die Frage, *wie* wir uns weiterentwickeln und reifen können. An Mitteln fehlt es nicht. Die Kirche bietet uns viele Hilfen an. Nachdem wir durch die Taufe Christen geworden sind, Glieder des Leibes Christi, kommt es darauf an, der Gnade Gottes zu entsprechen.

Doch manchmal sind wir derart „unterernährt", daß wir den Hunger schon gar nicht mehr spüren. Dabei wartet Christus nur darauf, in der Eucharistie selbst unsere Nahrung zu werden.

Schutzlos sind wir allen möglichen Gefahren für unser inneres Leben ausgesetzt, lassen uns von diesem und jenem anstecken: Das Sakrament der Versöhnung, die Beichte, steht bereit zu unserer Heilung und Stärkung.

Wir sind „nackt" und könnten doch mit Christus bekleidet sein (vgl. Röm 13,14; 2 Kor 5,3).

Wir fühlen uns heimatlos und könnten doch alle schon jetzt im Haus des Vaters wohnen und einen Vorgeschmack des Himmels haben, wenn wir als Schwestern und Brüder Christi lebten. In dieser mystischen Wirklichkeit würden wir einander als Geschwister entdecken, als eine Familie mit ihm unter uns, als Gemeinschaft, in der materielle wie geistige Güter kreisen.

Manchmal irren wir umher wie Menschen, die nicht wissen, wohin sie gehen sollen. Und dabei haben wir – wenn wir nur wollen – die Orientierung, die Richtschnur für das Leben, für jedes Leben in der Hand: das Evangelium.

Wir bedauern, daß auch Priester Krisen durchmachen und manchmal Auffassungen vertreten, die uns nicht richtig scheinen. Doch es kommt uns nicht in den Sinn, daß sich darin gewöhnlich die Situation ihrer christlichen Umwelt widerspiegelt.

Die Länder der Dritten Welt sind unter anderem aufgrund ökonomischer Bedingungen unterentwikkelt. Wir Christen hingegen sind oft so töricht, daß wir trotz bester Voraussetzungen an geistiger Unterentwicklung leiden: Umgeben von allen möglichen Hilfen, drohen wir dennoch innerlich zu verhungern.

Die Probleme der Dritten Welt sind sehr ernst. Sie verlangen grundlegende Veränderungen in der Güterverteilung und eine durchgreifende Neuordnung. Doch das bringen wir nicht fertig. Wir sind nicht imstande, umfassende Programme zu entwickeln, die weltweit greifen; wirksame Hilfen bleiben aus. Dazu bedürfte es einer universalen, einer allumfassenden Liebe.

Hier muß der auf den Plan treten, der diese Welt geschaffen hat, ihre Bestimmung kennt, der die verborgenen Gedanken und Sehnsüchte der Menschen erforscht, der um die geistigen und materiellen

Möglichkeiten der Völker weiß: er, der die Menschheit aus eigener Erfahrung kennt, der sie in sich zusammenfaßt, der nicht nur ein Mensch, sondern *der* Mensch ist: Christus. Nur er kann uns eine umfassende Sicht der Liebe geben. Johannes XXIII. sagte, der Überfluß, den wir zu geben haben, bemesse sich an der Not dessen, der nichts hat. Doch wer wird die Bedürfnisse all unserer Schwestern und Brüder bemessen können, wenn nicht jemand, der die Dimension der Menschheit in sich hat? Und das ist kein anderer als Christus.

Christus aber will gewöhnlich durch Menschen in der Welt wirken. Das kann er durch Christen, in denen er lebt, in denen seine Liebe lebendig ist. In ihren Programmen kommt seine Weisheit zum Tragen, und trotz aller Schwierigkeiten werden sich Wege zu ihrer Realisierung auftun. Mir scheint, daß wir für eine Lösung der Probleme der Dritten Welt nicht zuletzt unsere eigenen Probleme angehen müssen: unser unterentwickeltes Christsein. Kommen wir noch einmal auf unseren Vergleich zurück: Wie der Apfel erst dann zur Nahrung für uns wird, wenn er reif ist, so werden die Christen der Menschheit erst dann wirklich und wirksam dienen können, wenn sie sich bemühen, „vollkommen wie der Vater im Himmel" zu sein, wenn Christus in ihnen lebt, er, der Menschensohn.

Wirklich Christ sein heißt Mensch sein, voll und ganz. Christsein aber heißt in letzter Konsequenz: heilig sein. Das ist es, was unsere auf Wahrhaftigkeit und Authentizität bedachte Zeit verlangt. Verwirklichtes Menschsein, Christsein und Heiligkeit – das ist für Gott dasselbe. Gewiß, „Heiligkeit" ist für viele ein leeres Wort oder etwas Unerreichbares. Doch Christus verlangt nichts Unmögliches von uns. Allerdings sollten wir Abschied nehmen von weitverbreiteten Vorstellungen von Heiligkeit. Sie hängt nicht von Wundern, Ekstasen und Visionen ab, sondern besteht in der vollkommenen Liebe.

Heute, da die Massen solidarisch agieren – auch das ist ein Zeichen der Zeit –, da die Völker nicht ohne geschwisterliche Beziehungen leben können, da jedes Problem auf Weltebene gesehen werden muß, ist die Heiligkeit vieler gefragt, eine gemeinschaftliche Heiligkeit, die Heiligkeit als Volk.

LEBENDIGE ZELLEN

Wer sich einmal bewußt in unseren Städten umschaut, gewinnt den Eindruck, daß wir von einer christlich geprägten Gesellschaft weit entfernt sind. Die „Welt" mit ihren Eitelkeiten hat offenbar die Oberhand ...

Man würde Jesu Vermächtnis für eine Utopie halten, wenn man sich nicht daran erinnert, daß Jesus selbst in einer ähnlichen Welt gelebt hat, ja am Ende seines Lebens davon überwältigt schien, besiegt vom Bösen. Auch er, der Gott war, hat auf die vielen Menschen geschaut, die er geschaffen hatte, und er liebte sie wie sich selbst. Er wollte Verbindungen herstellen, die sie als Kinder mit dem Vater und untereinander als Geschwister vereinen sollten. Er war gekommen, um die Familie wiederherzustellen: damit alle eins werden. Seine Worte voll Feuer und Wahrheit hatten das Vergängliche, welches das Ewige im Menschen und zwischen den Menschen zudeckt, wie trockenes Reisig verbrannt. Trotzdem wollten die Menschen, viele Menschen, obwohl sie verstanden, nicht begreifen. Ihre Augen waren blind, weil die Seele verfinstert war.

Als Gott vom Himmel auf die Erde kam, hätte ein einziger Blick genügt, die Menschen zu erlösen. Doch weil er sie nach seinem Bild erschaffen hatte, als *freie* Menschen, mußte er ihnen die Freude gewähren, in Freiheit annehmen zu können, was er ihnen schenken wollte.

Jesus sah die Welt, wie wir sie sehen, aber er zweifelte nicht. In nächtlichem Gebet betrachtete er den Himmel über sich und den Himmel in seinem Innern: das wahre Sein, die eigentliche Wirklichkeit. Draußen auf den Straßen hingegen begegnete ihm nur Nichtiges, Vergängliches.

Auch wir sollten es machen wie er: uns nicht lösen vom Ewigen, vom Ungeschaffenen, dem Urgrund des Geschaffenen; glauben, daß letztlich das Licht über die Finsternis siegt; durch die Welt gehen, ohne alles sehen zu wollen; den Himmel betrachten, der auch in uns ist; uns an dem festhalten, was Bestand und Wert hat; uns vereinen mit der Dreifaltigkeit, die in der Seele wohnt und sie mit ewigem Licht erleuchtet. Dann ist der Blick unserer Augen nicht mehr erloschen. Wir sehen die Welt und die Dinge, aber nicht mehr wir sehen, sondern Christus in uns. Und er sieht auch heute Blinde, die er sehend, Stumme, die er sprechend, Lahme, die er wieder gehend machen will: Menschen, die blind sind für Gott, der in ihnen und um sie ist; die unbeweglich sind, weil sie den göttlichen Willen nicht erkennen, der sie im Innersten ihres Herzens zur ewigen Bewegung drängt: zur ewigen Liebe.

Wir selbst werden sehend, entdecken in den anderen dasselbe Licht, das auch in uns leuchtet, die eigentliche Wirklichkeit, das, was uns zutiefst ausmacht: Christus in uns, der auch in ihnen ist. Wenn wir ihn in den anderen wiedergefunden haben, vereinen wir uns mit ihm in ihnen. Eine Zelle des Leibes Christi wird lebendig, ein Feuerherd Gottes beginnt zu brennen, dazu bestimmt, sich auszubreiten und Licht zu geben.

Es ist Gott, der zwei Menschen eins macht, indem er selbst als der Dritte, als ihre Beziehung hinzutritt: Jesus unter ihnen. So kreist die Liebe, und wie ein reißender Strom schließt sie alles ein, was die beiden an geistigen und materiellen Gütern besitzen. Nach außen hin ist dies ein wirksames Zeugnis der echten, einenden Liebe.

Wir brauchen freilich den Mut, uns nicht zu sehr auf andere Mittel abzustützen, wenn wir das Christentum wieder lebendiger werden lassen möchten. Wir sind aufgerufen, Gott in uns leben zu lassen, ihn auf andere überfließen zu lassen, wie einen Lebensstrom, der Tote zum Leben erweckt. Und ihn unter uns lebendig zu halten durch die gegenseitige Liebe.

So geschieht ein tiefgreifender Wandel in allen Bereichen: in der Politik und in der Kunst, im Schulwesen, in der Arbeitswelt, im privaten Leben, in der Freizeit. In allem. Christus ist der vollkommene Mensch, der in sich alle Menschen vereint. In ihm ist jede Wahrheit enthalten. Wer diesen Menschen gefunden hat, hat die tiefste Antwort auf alle Fragen gefunden.

Gottes offenes Buch

Eine Mutter hört nicht auf, ihre Kinder zu lieben, wenn sie falsche Wege gehen. Sie wartet, bis die Kinder zurückgekehrt sind. Sie hat nur den einen Wunsch, ihre Kinder bei sich zu haben, ihnen zu verzeihen, sie wieder in die Arme zu schließen. Die Liebe einer Mutter ist voller Barmherzigkeit. So schmerzlich oder bedrückend die Situation, in der sich ihr Kind befindet, auch sein mag – die Liebe der Mutter reicht immer noch weiter. Sie nimmt nicht ab, wenn das Kind in moralische, ideologische oder sonstige Stürme gerät. Sie steht darüber, möchte alles zudecken und für sich behalten. Sieht eine Mutter ihr Kind in Gefahr, zögert sie keinen Augenblick, für das Kind alles zu riskieren, wenn nötig auch das eigene Leben. Die Liebe einer Mutter ist stärker als der Tod ...

Wenn die Mutterliebe so ist, wie müssen wir uns dann erst Maria vorstellen, die Gottesmutter, Mutter Jesu und – geistigerweise – unser aller Mutter! Sie ist *die* Mutter, Urbild der Mutterschaft, der mütterlichen, menschlichen Liebe. Und da Gott „die Liebe" ist, erscheint uns Maria als eine Art Erklärung Gottes, als offenes Buch, das uns verständlich macht, wie Gott ist.

Gottes Liebe ist so groß, daß sein Sohn für uns den bitteren Kreuzestod erlitt. Für uns, um uns zu retten – wie eine Mutter, die alles um ihrer Kinder willen tut.

Maria, die Mutter Gottes, ist das Geschöpf, das ihn widerspiegelt und so klar zeigt wie kein anderer.

Unser Glaube an die Liebe Marias zu uns sollte lebendiger werden. Vertrauen wir darauf, daß sie uns wirklich liebt, und orientieren wir uns an ihr. Maria kann für jeden Christen Vorbild sein; sie weist uns den geraden Weg zu Gott.

Die kostbare Perle

Die „kostbare Perle" (vgl. Mt 13,45f) – ist das nicht Christus selbst, der sich „entäußerte" und erniedrigte bis zum Tod am Kreuz (vgl. Phil 2,7f), er, der Gekreuzigte, in seiner völligen Armut, in der totalen Leere?

Wenn wir ihn in uns leben lassen, sind wir ganz Liebe. Nicht mehr wir leben, sondern er in uns (vgl. Gal 2,20). So kann Gottes Wille in uns Gestalt annehmen; wir leben nicht für uns selbst, um für die anderen Liebe zu sein. Wenn wir leer sind, können sie bei uns abladen, wovon ihr Herz voll ist.

Wer so seine Ängste, seine Nöte und Sorgen ablegen konnte, ist befreit, innerlich offen und empfänglich für Gottes Liebe. Wenn wir dann diesen Samen säen, wird er auf guten Boden fallen.

So breitet sich das Reich Gottes aus, das einzige, das sich entfalten muß und um dessen Kommen wir täglich bitten.

Das Paradox des Schmerzes

Unser tagtägliches Tun, die Pflichten des Alltags sind oft mit Mühsal und Last verbunden; manches ist unbequem, kostet Anstrengung und Überwindung. Gerade diese Aspekte sollten wir bewußt ergreifen; denn auch das hat seinen Wert: Wir können es Gott schenken als kostbare Gabe.

Alles, was mit Schmerz zu tun hat, ist von größter Wichtigkeit. Die „Welt" will davon nichts hören, weil sie den Wert nicht kennt, den der Schmerz im Christentum hat, aber auch, weil das Leiden dem Menschen von Natur aus widerstrebt. So flieht sie den Schmerz und verdrängt ihn.

Doch der Schmerz hat eine eigentümlich paradoxe Aufgabe: Er kann Weg zum Glück werden, zu jenem wahren, unvergänglichen Glück, das allein unser Herz erfüllt. Es ist das Glück Gottes, an dem der Mensch, der auf das Absolute hin angelegt ist, schon in diesem Leben teilhaben kann.

Christus hat den Menschen gerade durch sein Leiden die Freude geschenkt – die Freude hier und die unvergängliche Freude im ewigen Leben. In der Verbindung mit ihm können wir Tag für Tag unsere verschiedenen Nöte annehmen und Gott darbieten: Daraus erwächst Freude, für uns und viele andere.

Im eigenen Nichts – im göttlichen Alles

Die Demut zeigt uns, was wir sind und was Gott ist. Wir, nur auf uns gestellt, sind nichts. In der Demut leben wir, wenn wir es verstehen, im eigenen Nichts und im göttlichen Alles zu leben. Und das gelingt uns, wenn wir im gegenwärtigen Augenblick seinen Willen tun. *So* stehen wir in der Demut, und so betrachtet ist sie etwas Faszinierendes.

Als Menschen sehnen wir uns nach dem vollen, göttlichen Sein. Und Gott selbst möchte uns an seinem Sein teilhaben lassen. „Gott werden durch Teilhabe"[32], Teilhabe am ewigen Sein ... Das soll mein Leben sein. Er selbst, das ewige Sein, soll auch heute, auch durch uns von sich sprechen und sich der Welt mitteilen. Doch dies setzt voraus, daß wir im Jetzt nicht gefangen sind in uns selbst, in unserem Willen und unseren Gedanken.

Maria war vielleicht so.

Die Liebe macht sehend

Der Glaube ist vielfach bedroht, und wir sollten diese Infragestellung nicht auf die leichte Schulter nehmen. Als mir bei der Lektüre eines zeitgenössischen religiösen Buches Glaubenszweifel kamen, wurde mir bewußt, welche Folgen es haben könnte, mich dabei aufzuhalten und den Zweifel zu nähren ... Nein, ich kann nicht mein ganzes inneres Leben, Frucht vieler Jahre, gewachsen durch Gottes Gnade, leichtfertig aufs Spiel setzen. Mir kam das Wort Jesu in den Sinn: „Selig sind, die nicht sehen und doch glauben" (Joh 20,29). So habe ich, wie ich es von Jugend an gelernt habe, den Zweifel gleich beiseitegeräumt. Ich fand die gewohnte Beziehung zu Gott wieder – und den inneren Frieden, den nur er geben kann.

In einer Zeit, in der wichtige Glaubenssätze in Frage gestellt werden, sollten wir fest in der Lehre der Kirche verankert bleiben und uns an das halten, was der Papst und die Bischöfe, die mit ihm vereint sind, sagen.

Auch Paulus dürfte in seinem aufreibenden Wirken für die Verbreitung des Evangeliums unter den „Heiden" Kämpfe um die Treue im Glauben gekannt haben. Gegen Ende seines Lebens bekennt er: „Ich habe den guten Kampf gekämpft, den Lauf vollendet, den Glauben bewahrt" (2 Tim 4,7).

Wir werden das gleiche sagen können, wenn wir unserer primären Berufung treu bleiben: der Berufung zu lieben. Die Liebe scheint mir der beste Schutz des Glaubens zu sein. Denn die Liebe macht sehend; dem, der liebt, offenbart sich der Herr (vgl. Joh 14,21). So wird der Glaube gestärkt. Und sollte er doch ins Wanken geraten, müßten auch wir mit Petrus sagen: „Herr, zu wem sollen wir gehen? Du hast Worte des ewigen Lebens" (Joh 6,69).

ZEITGEMÄSS

Viele Menschen verspüren heute das Verlangen nach Freiheit und Selbstverwirklichung, nach Gemeinschaftserlebnissen, nach Dialog und Mitbeteiligung, nach Echtheit ... Um so wichtiger scheint mir, daß wir als Christen unseren Glauben konsequent leben; denn darin können diese Bedürfnisse eine Erfüllung finden, ja noch mehr.

„Die Wahrheit", die Christus ist (vgl. Joh 14,6), macht uns wirklich *frei* (vgl. Joh 8,32) – von den Dingen und von uns selbst. Wenn die Einheit unter uns stark ist, kommt die *Persönlichkeit* des einzelnen voll zur Entfaltung; wir werden „neue Menschen"[33], ein jeder mit seiner eigenen Prägung. Wenn Christus mitten unter uns lebt (vgl. Mt 18,20), sind wir eine ganz besondere *Gruppe*: eine lebendige Zelle seines Leibes, der Kirche. *Teilhabe* ist eine lebendige Wirklichkeit; denn die Einheit beinhaltet eine ungeteilte Liebe, in der sich jeder ganz dem anderen schenkt. Wir werden fähig zu einem konstruktiven *Dialog*, der in gewisser Weise das Leben Gottes widerspiegelt, der eins ist im dreifaltigen „Dialog" der göttlichen Personen. Wir werden *echt und authentisch*; denn die Wahrheit reinigt uns von den Schlacken des „alten Menschen"[34]. So kann unser wahres Ich zum Vorschein kommen: Christus in uns, gemäß dem Wort des Paulus: „Nicht mehr ich lebe, sondern Christus lebt in mir" (Gal 2,20).

Wo zwei oder drei

„Wo zwei oder drei in meinem Namen versammelt sind, da bin ich mitten unter ihnen" (Mt 18,20).

Gott hat uns so sehr geliebt, daß er einer von uns geworden ist. Da beginnen wir, etwas von der Logik seiner Liebe zu erfassen, und wir ahnen, daß er nicht aufhört, sich um uns und das, was uns bewegt, zu sorgen. Er will weiter unter uns sein. Er möchte mit uns Freude und Leid, Verantwortung und Mühe teilen. Vor allem will er unser Bruder sein. Es ist ihm nicht genug, uns seine Gegenwart nur dann zu schenken, wenn wir uns feierlich zur Eucharistie versammeln. Auch seine Präsenz durch die Hierarchie oder in seinem Wort genügen ihm nicht ... Er möchte immer bei uns sein. Und dazu genügen ihm zwei oder drei Christen, die keineswegs bereits heilig zu sein brauchen. Ihm sind zwei oder drei Menschen mit gutem Willen genug, die an ihn glauben und vor allem an seine Liebe.

Wenn wir in dieser Weise leben und lebendige Zellen der Kirche bilden, werden sie mit der Zeit das Stück Gesellschaft, in das sie hineingestellt sind, beleben und schließlich auf die Gesellschaft als ganze einwirken ... – mit Konsequenzen, die wir nicht zu hoffen wagen.

LICHTVOLLE GEDANKEN

Nicht um dunklen Gedanken nachzuhängen, denken wir an den Tod. Auch in Zeiten, in denen wir uns überreich von Gott beschenkt fühlen, überkommt uns manchmal das Gefühl, hier in der Einsamkeit des Exils zu sein. Da möchten wir mit Paulus sagen: „Ich sehne mich danach, aufzubrechen und bei Christus zu sein – um wieviel besser wäre das!" (Phil 1,23) oder: „Wir ziehen es vor, aus dem Leib auszuwandern und daheim beim Herrn zu sein" (2 Kor 5,8).

Je tiefer wir den Wert des Schmerzes erfassen, desto mehr begreifen wir, daß der Tod die letzte Gabe ist, die wir als Ausdruck des Priestertums aller Gläubigen darbringen können; er ist also der Höhepunkt unseres Lebens. Wer liebt und weiß, was Lieben bedeutet, verspürt eine Sehnsucht nach dieser Begegnung mit Jesus. Damit man mich recht versteht: Ich meine eine wirkliche Sehnsucht – so wie man sich nach etwas ganz Kostbarem sehnt. Denn es ist eine Stunde, die bei allem Schmerz ganz erfüllt ist von Gottes zärtlicher Liebe ...

Wie sehr wünschten wir, unsere Schwestern und Brüder, die schon bei Gott angekommen sind, könnten von diesem „Übergang" erzählen ... Doch vielleicht, ja ganz gewiß ist es besser und wertvoller – auch das ist ja Liebe –, daß ein jeder in seinem Leben selbst diese Erfahrung macht.

Was ist unser Leiden, was ist das Ringen um den Glauben an Gottes Liebe auch in diesen Momenten im Vergleich zu dem nicht endenden Leben, das uns erwartet? Die ganze Ewigkeit werden wir bei ihm sein!

Das Wesentliche fehlt

In der Fastenzeit lädt uns die Kirche zur „Buße" ein. Ein schwieriges Thema. Vereinzelt wird die Einladung noch angenommen ... Auf Pilgerreisen nehmen Gläubige manchen Verzicht auf sich; denken wir etwa an die vielen Lourdes- und Fatimapilger ... Doch das sind Ausnahmen. Aufs Ganze gesehen ist unter den Christen die Buße in den Hintergrund getreten. Und vielleicht ist das nicht einmal verkehrt. Vielleicht ist es sogar ein Glück, daß dieser Aspekt nicht zu sehr betont wird, solange wir mehr schlecht als recht als Christen leben. Denn solange das Wesentliche fehlt, hat alles weitere keinen Sinn. Niemand käme auf den Gedanken, die Pflanzen für den Balkon eines Hauses zu pflegen, das noch nicht gebaut ist.

Christsein heißt den Willen Gottes tun. Doch oft lassen wir uns nur ungern darauf ein, oder wir haben nur unseren eigenen Willen im Sinn.

Christsein bedeutet, jeden Nächsten zu lieben. Doch manchmal kümmern wir uns gerade einmal um unsere nächsten Angehörigen.

Christsein beinhaltet, die Feinde zu lieben. Doch wer denkt schon daran? Es ist bereits viel, sich nicht zu rächen.

Christsein heißt, einander zu lieben, ein Herz und eine Seele zu sein. Doch ist das nicht zuviel verlangt? Hat man nicht schon genug mit sich selbst zu tun?

Christsein bedeutet Hören auf die Kirche, auf die

Weisungen ihrer Vertreter. Doch Gehorsam steht nicht hoch im Kurs, und man denkt sich, daß die Kirche nicht unbedingt überzeugend wirkt ...

Vieles ließe sich aufzählen, das eigentlich zu einem christlichen Leben gehört – und wichtiger ist als irgendwelche Bußübungen. Und doch hat jemand wie Papst Johannes XXIII., der gewiß nicht weltfremd war und dessen Güte viele angezogen hat, auch von dem alten Wort „Buße" gesprochen. Ihm nimmt man es ab; im Mund eines Menschen mit einem solchen Herzen, der lebte, was er verkündete, gewinnt es die ganze Vitalität zurück – und erscheint wieder aktuell.

Papst Johannes sagt: „Neben der Buße, die wir notgedrungen auf uns nehmen müssen, weil der Schmerz in unserem irdischen Leben unvermeidlich ist, sollten die Christen soviel Großmut aufbringen, daß sie sich für Gott auch freiwillig Askese auferlegen und darin dem Beispiel des Erlösers folgen ..."[35]

Der Weg zu Gott

„Wer seinen Bruder nicht liebt, den er sieht, kann Gott nicht lieben, den er nicht sieht" (1 Joh 4,20).

Der Weg zu Gott sind die Schwestern und Brüder. Gerade in unserer Zeit sollten wir uns dessen bewußt sein.

Oft schenken wir dem anderen nicht die Aufmerksamkeit, die er von uns erwarten könnte. Wir lassen uns gefangennehmen von einer materialistisch geprägten Umgebung und ihren verlockenden Angeboten, verlieren uns in mancherlei Gerede und Diskussionen; wir meinen, wir müßten alles kennen, wissen und lesen ... Doch wirklich wichtig ist etwas anderes: „Vor allem haltet fest an der Liebe zueinander" (1 Petr 4,8). Es ist die Liebe, die uns „aus dem Tod in das Leben" hinübergehen läßt (1 Joh 3,14).

Zum Leben sind wir berufen; Leben sollen wir bringen – auch wenn die geschwisterliche Liebe immer wieder eine Anstrengung verlangt. Doch sie ist ja das charakteristische Kreuz des Christen.

Für beides Raum schaffen

Wenn ein Schmerz unser Leben überschattet, werden wir unwillkürlich wieder in die Realität versetzt. Und zwar auch in jene göttliche Wirklichkeit, die unser Leben umfängt. Gerade in solchen Zeiten fällt es leichter, zu Gott zurückzukehren, falls wir uns etwas von ihm entfernt haben sollten. Solange alles gut geht, lassen wir uns ja schnell vom Vergänglichen täuschen.

Allerdings kann es auch geschehen, daß ein Schmerz uns mit einer solchen Bitterkeit erfüllt, daß wir all die Gaben nicht mehr sehen, die Gott uns tagtäglich schenkt. Und das wäre nicht gut. Soweit es in unseren Kräften steht, sollten wir uns den Blick für seine Geschenke nicht verstellen lassen; denn als Christen ist uns doch schon in diesem Leben das Hundertfache verheißen, wenn auch unter Verfolgungen (vgl. Mk 10,30).

Gott möchte, daß wir ihm für das Hundertfache wie für den Schmerz danken. Für beides soll in unserem Herzen Platz sein.

Machen wir uns also bewußt, daß das Kreuz wesentlich zum christlichen Leben dazugehört. Wenn wir es bereitwillig bejahen, wird der Schmerz an Härte verlieren, er wird zur „leichten Last" (vgl. Mt 11,30) und bekommt den rechten Stellenwert. Wir müssen ihn ja nicht allein tragen: Gott trägt ihn mit uns.

Dann werden wir auch das Schöne und Tröstliche, das unsere alltägliche Mühsal begleitet, wahrnehmen und uns daran freuen können. Dem Schmerz freilich kommt eine wichtige Aufgabe zu: Er hilft uns, im Göttlichen zu leben.

Das Leben

Freude, Schmerz,
Hoffnung,
verwirklichte Träume.
Reife des Lebens, Reife des Denkens.
Standfestigkeit.
Pflichtbewußtsein
und Anruf der Liebe von oben,
unser Leben: Antwort darauf.
Mühsal.
Feuer und Eroberungen.
Gewitter.
Vertrauen auf Gott:
Gott allein.
Aufwärts.
Abwärts.
Regenstürme,
tiefe Wurzeln.
Früchte, Früchte, Früchte ...
Dunkle Schleier:
„Gott, mein Gott ..."
Dann zarte, himmlische Musik,
zuerst fern,
dann ganz nah.
Trommelwirbel:
Vollendung!

Lang ist das Leben,
vielgestaltig der Weg,
nah das Ziel.

Alles,
wirklich alles
hat und hatte
immer ein einziges Ziel:
die Vereinigung mit dir.

KINDER EINES KÖNIGS

Die Liebe adelt. Auch den, der arm und krank ist. Auch er kann für andere, für Reiche und Gesunde Geschenk sein. Weil er liebt, wird er zum Gebenden, und gerade darin erfährt er seine Würde und eine Fülle, die nicht endet.

Vielleicht hat der Herr uns deshalb geboten zu lieben: damit wir uns nicht bloß als begrenzte, unfähige Menschenkinder fühlen, sondern die Freude verspüren, Kinder Gottes zu sein, Kinder eines Königs.

Leben ohne Ende

Ein plötzliches Unglück erinnert uns an das Schriftwort: „Windhauch, Windhauch, das alles ist Windhauch" (Koh 1,2). Alles ist vergänglich: die Geschöpfe, die Gesundheit und Schönheit, der Besitz. Gott allein bleibt.

Die Erfahrung der Vergänglichkeit ist ein Anstoß, unsere Entscheidung für ihn, für unser Ein und Alles, zu erneuern und entsprechend zu leben, und das heißt gemäß seiner Weisung: zu lieben.

Wenn wir lieben, geht uns vieles auf. Wir beginnen wieder den roten Faden in unserem Leben zu entdecken, der uns abgerissen schien. In unserem Leben mag es Brüche und Risse geben. Gott aber, der das Leben ist, bleibt. Und bleibendes Leben hat, wer in ihm bleibt, wer das eigene Leben immer wieder in seine Hand legt.

GÖTTLICHES GESCHENK

„Du sollst deinen Nächsten lieben wie dich selbst" (Mt 22,39). Dieses Gebot steht in bleibender Spannung zur natürlichen Neigung, vor allem sich selbst zu lieben.

„Du sollst deinen Nächsten lieben wie dich selbst." – Was heißt das angesichts der tagtäglichen Nachrichten von Unglücksfällen, Erdbeben und anderen Katastrophen mit Toten, Verwundeten, Obdachlosen?
Vielleicht können wir uns an Hilfsaktionen beteiligen. Doch es bleibt dabei, daß wir selbst nicht unmittelbar betroffen sind. Es bleibt dabei, daß die einen das Leben genießen, während die anderen im Sterben liegen. Und morgen schon könnte ich zu den letzteren gehören ...

„Du sollst deinen Nächsten lieben wie dich selbst." – Was Christus uns da aufträgt, übersteigt – wie all seine Gebote – das, was wir allein aus menschlicher Kraft vermögen. Doch auch was er uns schenkt, geht darüber hinaus. Denken wir an die Gabe, die er im Gespräch mit der samaritischen Frau erwähnt: die „Gabe Gottes" (Joh 4,10). Wenn wir daraus leben, wird die tiefe Verbindung mit den Schwestern und Brüdern, mit ihren Schmerzen und Sorgen wie mit ihrer Freude möglich. Denn wir tragen Gottes Liebe in uns, jene Liebe, die den anderen wirklich stärken kann. Und mit dieser Liebe wird der andere auch mich stärken können, wenn ich es brauche.

Ja, so wird das Leben, unser oft so hartes, schwieriges, manchmal unerträglich scheinendes Leben lebbar.

DAS TÄGLICHE KREUZ

Wenn man die Gegenwart lebt, wenn man sie gut lebt, wird man feststellen, daß es immer möglich ist, die Worte Jesu zu befolgen: „Nimm dein Kreuz auf dich" (Mt 16,24). Fast jeder Augenblick hat sein Kreuz. Kleine, ganz geringe, aber auch große Schmerzen geistiger oder körperlicher Art begleiten ständig unser Leben. Diese Kreuze sollen wir auf uns nehmen und nicht versuchen, ihnen auszuweichen, indem wir uns in ein unverbindliches Leben flüchten.

Selbst dann, wenn wir gesund und froh sind, ist es ratsam, Gott nicht nur für alles zu danken, sondern innerlich von allem losgelöst zu sein, damit wir uns nicht habsüchtig an die Gabe statt an den Geber klammern. Sonst sind wir doch traurig und innerlich leer.

Mit allen solidarisch

Manchmal hat man den Eindruck, ein konsequentes Leben aus dem Glauben, das ausgerichtet ist auf das kommende Leben und auf den Tod, der die Tür dazu öffnet, entfremde von der Welt. Nicht selten wird uns Christen vorgeworfen, daß wir uns zu wenig engagierten in den Fragen dieser Welt, bei denen es sehr oft um das Wohl der Menschheit geht.

Eigentlich dürfte es nicht so sein. Wenn man sich beständig müht, im Bewußtsein zu leben, daß wir „weder den Tag noch die Stunde" kennen, kann man sich besser auf das Heute konzentrieren, das uns gegeben ist, auf die Mühe des Alltags, auf den Augenblick, den Gott uns schenkt. Mit unserem ganzen Sein können wir in der Jetztzeit leben und uns allem stellen, was sie bringt: Freude und Schmerz, Anstrengung und Erfolg.

In solcher Weise wird das Leben wirklich *gelebt*. Ohne das Bewußtsein, früher oder später Abschied nehmen zu müssen, lebt man oft oberflächlich, in Illusionen und Träumen, strebt nach etwas, was vielleicht nie zu erreichen ist.

Im Heute leben bedeutet nicht, die irdische Zukunft außer acht zu lassen, die Flügel des Lebens zu stutzen, keine Pläne für die anderen zu entwickeln: für die Familie, für die Gemeinschaft, zu der wir gehören, für die Menschheit. Im Heute leben bedeutet auch nicht, die Vergangenheit zu vergessen, ihren Reichtum an kulturellen Leistungen, den selbstlosen Einsatz und die Errungenschaften vieler Menschen.

Christen können nur dann mit Recht Christen heißen, wenn sie eine Liebe zu *allen* Menschen im Herzen tragen. Das macht ihr Wesen aus und kennzeichnet sie. Als Kinder Gottes haben sie teil an der Liebe selbst, an der gleichen Liebe, die Christus mit dem Vater verbindet.

Sie wissen, daß sie zur ganzen Menschheit gehören, wie ein Steinchen in einem großartigen Mosaik. Dieses ist teils schon gelegt, teils noch nicht. Ihre Liebe gilt den Menschen der Vergangenheit, der Gegenwart und der Zukunft.

Vor dem Erbe der Vergangenheit stehen sie mit der Achtung und dem Wissen, daß es ihnen anvertraut ist, mit der Demut, daß sie daraus zu lernen haben, und in dem Bewußtsein, daß sie es durch ihren persönlichen Einsatz zu bereichern und künftigen Generationen weiterzugeben haben.

Wenn Christen in ihrem Leben erkennen, daß Gott sie drängt, an die Zukunft zu denken, tun sie es mit ganzem Einsatz, nicht eigennützig, sondern aus Liebe zu denen, die kommen werden, ob sie diese kennen oder nicht.

Die Verbundenheit mit der Menschheit aller Zeiten, die Liebe zu den andern wie zu sich selbst, ist für Christen die Triebfeder, heute die Voraussetzungen für ein besseres Morgen zu schaffen. Wer das andere Leben im Blick hat und sein Leben danach ausrichtet – mit einer Liebe, die allen gilt –, wird nicht nur ein vollkommener Christ, sondern auch ein verwirklichter Mensch. Gerade das erwarten unsere Zeit und die heutige Gesellschaft. Vor allem aber Gott selbst.

Der Schmerz macht sehend

Erst in der Nacht sieht man die Sterne. Ähnlich ist es, wenn wir – zumal für längere Zeit – ein Kreuz, einen Schmerz zu tragen haben: Dann sehen wir klarer. Solange alles gut geht, machen wir uns leicht irgendwelche Illusionen ... Wir gestehen uns dieses und jenes zu, suchen eitlen Ruhm und bilden uns dabei womöglich ein, alles für Gott und zu seiner Ehre zu tun. Doch so manches in unserem Leben, das wir ihm darbringen möchten, ist Schall und Rauch. Wenn uns hingegen ein Schmerz heimsucht, der nicht enden will, kann uns aufgehen, was die Heiligen meinten, wenn sie von einem Leben im Verborgenen, von Selbstverleugnung und Aufrichtigkeit vor Gott und den Menschen sprachen. Und womöglich verspüren wir sogar Dankbarkeit gegenüber dem, der den Schmerz zuläßt.

So kann ein Kreuz eine Hilfe sein, den richtigen Weg zu finden. Die Wurzeln, aus denen das Leben erwächst, werden gestärkt und verheißen eine neue Blüte. Ja, wir beginnen zu ahnen: Die Seligpreisungen sind mehr als ermutigende Zukunftsverheißungen. Sie sind wahr: Wer weint, kann *im* Weinen durchaus eine Art Seligkeit erfahren – nicht die Seligkeit, die kommen wird, aber doch eine Art Seligkeit.

Arbeit zu zweit

Es zeugt von großer Weisheit, wenn wir unsere Zeit damit verbringen, im gegenwärtigen Augenblick das zu tun, was Gott von uns will.

Doch manchmal machen wir uns große Sorgen um die Vergangenheit oder auch um die Zukunft. Wir denken an Situationen oder Menschen, für die wir im Augenblick nichts tun können.

Dann gerät das Boot unseres Lebens ins Schlingern. Und es kostet uns viel Kraft, den Kurs zu halten, das zu tun, was Gott im Augenblick von uns will. In solchen Momenten brauchen wir Willenskraft und Entschlossenheit. Besonders aber ein heldenhaftes Gottvertrauen.

Ist da eine ausweglose, verworrene Situation, ist ein lieber Mensch krank oder in Gefahr, und ich kann nichts für ihn tun ..., dann will ich mich ganz auf das konzentrieren, was Gott im Augenblick von mir erwartet: Studium, Hausarbeit, Gebet, für die Kinder dasein ... Für das andere wird Gott sorgen. Er wird die Leidenden stärken und aus vertrackten Situationen einen Ausweg zeigen.

So wird das Leben zu einer „Arbeit zu zweit". Diese Teamarbeit verlangt von uns einen großen Glauben an die Liebe Gottes, der seinerseits uns das Vertrauen schenkt, daß wir unseren Teil tun. Dieses gegenseitige Vertrauen wirkt Wunder. Wir werden feststellen, daß ein *Anderer* dahin gelangt ist, wohin wir nicht gelangen konnten, daß er es viel besser gemacht hat, als wir es gekonnt hätten.

Unser Vertrauen wird belohnt. Unser begrenztes Leben erhält eine neue Dimension: Wir spüren die Nähe des Unendlichen, nach dem wir streben. Unser Glaube wird lebendiger, gibt unserer Liebe neue Kraft. Und wir werden nicht mehr wissen, was Einsamkeit ist. Weil wir es erlebt haben, werden wir viel tiefer verstehen können, daß wir Kinder eines Gottes sind, der Vater ist und alles vermag.

WASSER DIESER QUELLE

Gute Vorsätze fassen wir oft, doch nicht immer gelingt es uns, sie zu halten. In seltenen, ganz besonderen Augenblicken aber scheint es, als komme ein bestimmter Vorsatz nicht aus uns selbst; es ist, als dränge Gott selbst uns sanft, aber entschieden, und wir spüren, daß wir uns diesem Anruf nicht verweigern können.

Danken wir Gott für solche Augenblicke. Es sind Momente, in denen er uns zum eigentlichen Leben ruft, zu sich, der in uns lebt. Da finden wir Frieden, in dem sich alles harmonisch zusammenfügt, Licht, das die Finsternis vertreibt, eine Fülle, die jede Leere überwindet.

Jederzeit kann uns dies widerfahren. Plötzlich merken wir, daß jemand da ist. Er ist in mir und ich in ihm: zwei – und doch eins: Denn ich bin Wasser dieser Quelle, eine Blume aus seinem Samen, Zeuge seiner Gegenwart, die mich ganz erfüllt.

Das, ja das ist das Leben.

Gott allein versteht es, in uns Gestalt anzunehmen. Wir hingegen können sein Bild in uns nur entstellen.

Du rufst uns beim Namen

Jesus, am Ostermorgen
bist du Maria aus Magdala erschienen.
Du rufst sie beim Namen.
Was hinter ihr liegt, hast du vergessen:
ihre Sünden, ihre ganze Vergangenheit.
Du rufst sie.

Rufst du wohl so auch jeden von uns?
Wenn wir beschlossen haben, dich zu lieben,
erinnerst du dich an nichts mehr?
Du rufst uns beim Namen?

Wie sollten wir uns da noch Sorgen machen
wegen unserer Vergangenheit,
unserer Verfehlungen und Sünden?

Bist du nicht heute derselbe wie damals, Jesus?

Unerschütterlich

Wenn wir den Besuch eines lieben Menschen erwarten, eines Verwandten oder Freundes, machen wir uns oft Gedanken, was wir ihm wohl schenken könnten. Der Blick schweift über die Bücherregale, wir schauen hier und da, ob wir nicht etwas Schönes finden. Vielleicht besorgen wir Blumen, etwas Hübsches zum Anziehen, suchen nach einem Bild oder einer Kleinigkeit für die Wohnung ... Wir empfinden das weder als lästig noch als anstrengend; denn das Herz drängt uns dazu.

Beim Blättern im Evangelium hat mich ein Wort nachhaltig beeindruckt: „Alles, worum ihr betet und bittet ... glaubt nur, daß ihr es schon erhalten habt, dann wird es euch zuteil" (Mk 11,24).

Oft und in verschiedener Form hat Jesus vom „Bitten" gesprochen: „Klopft an" (Mt 7,7), „Alles, worum ihr in meinem Namen bittet ..." (Joh 14,13) – Worte, in denen seine Liebe zu uns spürbar ist. Am stärksten aber ist wohl dieser Zusatz: „... glaubt nur, daß ihr es schon erhalten habt, dann wird es euch zuteil".

Jesus möchte, daß wir glauben: Noch bevor wir darum gebeten haben, ist uns die Gnade schon zuteil geworden. Ist das nicht geradezu paradox? Hier zeigt sich, wie sehr Christus uns, wie sehr er *mich* liebt.

Zur unerschütterlichen Gewißheit wird das Vertrauen auf seine grenzenlose Liebe, wenn wir in schwierigen, ausweglosen Situationen versucht haben, mit diesem Glauben zu bitten und wirklich erhalten haben. Und das ist keine einmalige Erfahrung.

Das Herz drängt Christus, der Gott ist und Mensch, uns etwas zu schenken. Vielleicht ist dies sein größter Wunsch: seine Schwestern und Brüder teilhaben zu lassen an dem unerschöpflichen Reichtum, über den er verfügt.

FESTLICH UND WÜRDEVOLL

Wenn jemand immer wieder von neuem beginnt, gut im Jetzt zu leben, merkst du mit der Zeit, daß sein Tun eine würdevolle Note bekommt, selbst wenn er das gar nicht beabsichtigt. Du erkennst, was die einzige, die übernatürliche Grundlage seines Lebens ist: die Liebe zu Gott. Der festliche Charakter, der das Handeln dieses Menschen prägt, gibt seinem Leben Farbe. Sein inneres Leben gewinnt Profil, bekommt immer deutlichere Konturen.

Vieles ließe sich von ihm sagen: Beim Beten ist er in Gott versunken, im Zusammensein mit anderen ist er frei und fröhlich, in der Erfüllung seiner Pflichten ist er genau und gründlich, sich selbst gegenüber ist er anspruchsvoll. Allen ist er ein Bruder, eine Schwester, von den ihm Anvertrauten verlangt er klare Verhaltensweisen. Kommt jemand zu Fall, ist er barmherzig, vom eigenen Nichts und der Allmacht Gottes ist er felsenfest überzeugt. Mit seinem Tun ist er oft unzufrieden, immer jedoch bereit, zu hoffen und wieder neu zu beginnen.

Gerade dieses ständige Neu-Beginnen ist für uns, die wir von der Sündhaftigkeit geprägt sind, eine große Hilfe. Es gibt unserem Leben, allem, was wir tun, eine Beständigkeit, wie sie einen Heiligen auszeichnet; zuerst wenig, dann immer mehr.

Denn heilig ist, wer nicht mehr in sich lebt, im eigenen Willen, sondern in dem eines *Anderen*.

Auf die Liebe kommt es an

Für den Christen zählt nicht, *wieviel* er tut, sondern *wie* er es tut.

Nicht einmal Jesus hat zu Lebzeiten die Welt sichtlich verändert. Im Gegenteil, manchmal schien sein Werk gescheitert.

Es kommt darauf an, daß wir den Plan ausführen, den Gott uns zugedacht hat. Mehr nicht, aber auch nicht weniger. Erfüllen wir unsere Aufgabe an unserem Platz voll Verehrung für seinen Willen. Dieser verweist uns auf den gegenwärtigen Augenblick, und er drängt uns dazu, uns jeweils nur einem Detail der Aufgabe zu widmen, die wir in der Welt zu erfüllen haben.

Wenn wir mit anderen uneins, wie Einzelteile voneinander getrennt sind, haben wir den Eindruck, sehr wenig zustande zu bringen. Sind wir aber mit den anderen eins, sehen wir, wie das Tun des einen dem Tun der andern zugeordnet ist. Alles scheint Fülle und Weite zu bekommen. Nicht die Weite der Welt – sie ist klein im Vergleich zum Reich Gottes –, sondern göttliche Weite.

Legen wir also in alles unsere Liebe hinein: in das Lächeln, das wir schenken können, in die Arbeit, die wir zu verrichten haben, in unser Verhalten im Straßenverkehr, in das Essen, das wir kochen, in das Planen einer Unternehmung, in die Tränen, die wir für Christus in unseren leidenden Mitmenschen vergießen, in das Spielen eines Instruments, in den Artikel oder den Brief, den wir schreiben müssen, in das frohe Ereignis, das wir zu feiern haben, in die Kleidung, die wir in Ordnung bringen ...

Alles, wirklich alles kann Ausdruck unserer Liebe zu Gott und den Mitmenschen werden. Alles ist uns, unseren Händen und Herzen, anvertraut, damit wir wie Missionare das Evangelium in die Welt tragen.

Eine einzigartige Erfahrung

Kürzlich fuhr ich nach Subiaco, um zu beichten. Da die Zeit für einen Besuch in der Abtei nicht reichte, ging ich gleich zur Klosterpforte. Der Pförtner, ein älterer, hinkender Laienbruder, ließ es nicht nehmen, mich zur Kirche zu begleiten. Seine Liebenswürdigkeit beeindruckte mich sehr.

Dann die Beichte ... Schon die ersten Worte, die mir der Beichtvater, ein heiligmäßiger Mönch, sagte, trafen ins Herz. Was da geschah, ist schwer in Worte zu fassen, und dennoch ist es auch schnell gesagt: Ich bin Gott begegnet.

Aus dem Inneren dieses Priesters schien frisches, lebendiges Wasser zu fließen, Wasser aus der Quelle des heiligen Benedikt, die auch nach 1500 Jahren nicht versiegt ist, lebendiges Wasser, das Christus, der Erlöser, uns am Kreuz geschenkt hat. Am liebsten hätte ich die Kirche nicht mehr verlassen, so bewegt war ich innerlich. Ich habe die Mönche beneidet, die ein so strenges Leben führen und entschlossen mit der Welt gebrochen haben.

Jetzt verstehe ich, weshalb die Abteien die Jahrhunderte überdauern und zu jeder Zeit modern sind: Dort leben Menschen, deren Wohnung schon der Himmel ist. Und diese Atmosphäre teilt sich einem mit und erfaßt einen durch und durch.

Im Vergleich dazu kam mir das christliche Leben, wie wir es führen, schwierig vor: immer im Kontakt mit einer Welt, die Gott außen vor läßt; immer in der

Gefahr, aus Furcht vor dem unvermeidlichen Haß der Welt Kompromisse zu schließen. Nur wenn wir ernsthaft und verbindlich leben, nur wenn wir ganz auf den Willen Gottes ausgerichtet sind, können wir hoffen, daß auch wir Gott bringen und nicht bloß Worte machen.

Nach der Begegnung mit den Benediktinern von Subiaco dachte ich: Ein echter Mönch ist mehr wert als eine noch so große Gemeinschaft, die kein überzeugendes Zeugnis der Einheit gibt und in der das Feuer der Liebe zu Gott und den Menschen auf Sparflamme brennt.

Benedikt kann zufrieden sein.

KIRCHE SEIN

Unverkennbar ist der Wunsch, ja das innere Bedürfnis vieler Christen, sich für die Kirche einzusetzen. Dabei denken sie nicht nur und nicht in erster Linie an ein konkretes Engagement. Es geht ihnen um Wesentlicheres, um ein Leben, das ihrem Glauben entspricht.

Überkommene Vorstellungen von Heiligkeit finden besonders unter den Laien wenig Resonanz; sie gelten als überholt. Viele merken, daß es nicht genügen kann, nach „persönlicher Vollkommenheit zu streben". Mehr denn je kommt heute die Gemeinschaft in den Blick, ein *gemeinsames* Bemühen um Heiligung. Hier und dort entstehen Gruppen von engagierten Christen, die miteinander auf Gott zugehen wollen. Und es scheint, daß dies in Gottes Sinne ist, sofern diese Gruppen von Weite und Offenheit geprägt sind und in der Dimension der ganzen Kirche leben, in liebevoller Verbundenheit und Einheit mit der Hierarchie.

Das Bild der Kirche, teils strahlend, teils verdunkelt, sollte sich in jedem Christen, in jeder Gruppe von Christen widerspiegeln. Das bedeutet, sich nicht nur über die immer neuen Aufbrüche zu freuen und sich nicht nur die Freuden und Hoffnungen der Kirche zu eigen zu machen, sondern auch ihre Schmerzen: das Trauma der getrennten Kirchen, schmerzliche Situationen und Proteste, die Infragestellung von manchem Altbewährten, den Schmerz derer, welche die göttliche Heilsbotschaft nicht annehmen können. In all diesen Sorgen, besonders in denen geistiger Art, erscheint die Kirche als der Gekreuzigte unserer Zeit, der ausruft: „Mein Gott, mein Gott, warum hast du mich verlassen?" (Mk 15,34).

Vor einiger Zeit besuchte ich La Verna, wo Franz von Assisi die Wundmale empfing – ein Siegel für seine Jesusnachfolge, ein Zeichen seiner Ähnlichkeit mit Christus. Mir kam der Gedanke, daß eigentlich alle Christen die Stigmata tragen müßten, nicht sichtbar, aber geistigerweise. Ich glaube zu verstehen, daß die Stigmata der Christen unserer Zeit die Wunden der heutigen Kirche sind. Wenn wir nicht darunter leiden, sind wir wohl noch nicht so von der Liebe Christi durchdrungen, wie Gott es wünscht. Gerade heute können wir uns nicht damit begnügen, uns bloß um die eigene Vollkommenheit zu mühen, und auch mit einem gemeinsamen Streben nach Heiligkeit ist es nicht getan, wenn man als Gemeinschaft in sich verschlossen ist. Es kommt darauf an, in der Dimension der ganzen Kirche zu leben, den Schmerz und die Freude mitzuempfinden, die Christus in seiner Braut, der Kirche, empfindet. Wir müssen heilig werden – als Kirche.

Auf Zehenspitzen

Es erfüllt uns mit Freude, wenn wir das Reich Gottes vielen verkünden können und wenn einige sich unserer Gemeinschaft anschließen. Doch solange wir uns nicht genauso über alle Anstrengungen und Erfolge in der gesamten Kirche freuen, ist unsere Liebe unvollkommen.

In der Begegnung mit anderen kommt es darauf an zu erfassen, welchen Auftrag, welche Sendung Gott ihnen oder der Gruppe, der sie angehören, zugedacht hat. Lieben wir sie so, daß sich dieser Auftrag erfüllen kann. Denn nur wenn uns die anderen Werke in der Kirche und ihre Entwicklung ebenso am Herzen liegen wie unser eigenes, dienen wir wirklich der Kirche, als ihre Söhne und Töchter.

Bittet man uns, diese oder jene Einrichtung zu unterstützen, die uns womöglich überholt erscheint, sollten wir nicht gleich Bedenken äußern oder Reformvorschläge einbringen. Stellen wir uns vor Gott, und vergegenwärtigen wir uns, daß wir der Kirche und allem, was zu ihr gehört, Respekt schulden. Es wäre nicht christlich, nur die Mängel zu sehen oder Formen anzuprangern, die ihren Sinn verloren zu haben scheinen.

Vergegenwärtigen wir uns vor allem, wieviel Schmerz dieses oder jenes Werk seinen Gründer gekostet hat. Denken wir an seinen oft hart geprüften Glauben, an den Einsatz und die Opferbereitschaft seiner ersten Gefährten, an die Liebe, mit der die Kirche sein Werk geprüft, gestützt, approbiert und ermutigt hat. Wir können nicht einfach über die einstige Größe dieser Werke und über all das Gute hinwegsehen, das sie oft bis heute wirken. Wie auf Zehenspitzen sollten wir ihnen begegnen, in einer ähnlichen Haltung, mit der Ehrfurcht, wie wir in eine Kirche treten. Unsere Aufgabe ist, diese Werke und die Menschen, die ihnen angehören, zu lieben, ihre Ziele und ihren Einsatz wertzuschätzen. Dann werden wir gemeinsam entdecken, was sie an Schönem und bleibend Aktuellem in sich tragen – zur Freude derer, die dazugehören.

Jedes Werk hat seine eigene Aufgabe und ist deshalb in gewisser Weise unersetzlich. Die Liebe kann helfen, wieder die göttliche Liebe zu spüren, die es einst hervorgebracht hat, und mit Mut daranzugehen, sich zeitgemäß zu erneuern, zu wachsen und sich zu entfalten. Wie die Sonne Wärme schenkt, bewirkt die Liebe, daß jeder einzelne und jede Gruppe in der Kirche, dem Leib Christi, in neuer Frische auflebt.

Er weiss um alles

Jesus weiß um alles. Er liest in allen Herzen, kennt die Gedanken eines jeden.

Wie tröstlich, dies zu wissen, wenn wir aus tiefster Seele unsere Bitten vor ihn tragen, wenn wir ihn loben oder ihm einen Erweis unserer Liebe geben möchten. Er weiß darum, er vernimmt alles.

Denken wir an die Begegnung zwischen Thomas und dem Auferstandenen: Jesus kennt den Thomas genau; er weiß, daß er seinen Finger in seine Nagelwunden und seine Hand in seine Seite legen will ...

Jesus, der Gott ist, weiß um alles.

Was für eine Ermutigung für den, der betet! Gott hört uns an. Das genügt uns. Ob er uns dann erhört oder nicht, ist etwas anderes; Gott weiß ja, was gut für uns ist.

Thomas antwortet Jesus mit dem wunderbaren Wort: „Mein Herr und mein Gott!" (Joh 20,28). Beim Lesen dieses Abschnitts aus dem Johannesevangelium möchte man es spontan nachsprechen: „Mein Herr und mein Gott!"

„SORGT EUCH NICHT ..."

Unsere Tage sind randvoll von kleinen und großen Sorgen und Problemen: „Mein Sohn tut nichts für die Schule und muß die Klasse wiederholen ..."; „Mein Mann ist immer noch nicht zu Hause ..."; „Meine Mutter ist krank ..."; „Ob ich mir dieses Kleid wohl leisten kann?"; „Ob es dieses Jahr wohl wenigstens zu einem Urlaub reicht ...?" Man hastet, rechnet und plant; man müht sich ab für sich selbst und für die, die einem am nächsten stehen.

Wenn wir auf andere Länder blicken, begegnen wir noch weit ernsteren Problemen: Hunger, Seuchen ...; selbst das Lebensnotwendige fehlt. Wer ein wenig Großherzigkeit besitzt, möchte auch für die Menschen dort etwas tun.

Und dann stoßen wir zufällig vielleicht wieder auf jene bekannte Stelle der Bergpredigt: „Sorgt euch nicht um euer Leben und darum, daß ihr etwas zu essen habt, noch um euren Leib und darum, daß ihr etwas anzuziehen habt ... Denn um all das geht es den Heiden. Euer himmlischer Vater weiß, daß ihr das alles braucht. Euch aber muß es zuerst um sein Reich und um seine Gerechtigkeit gehen; dann wird euch alles andere dazugegeben" (Mt 6,25.32f). – Ungewöhnliche Worte ... Wir spüren, daß sie nicht von der Welt kommen können; so spricht keiner ... Sie sind wie ein sanfter Protest des Himmels gegenüber der Erde. Jesus öffnet uns die Augen, damit wir erkennen, daß wir einen Vater haben, der an uns denkt.

Man könnte sich fragen: Sind damit unsere Anstrengungen, unser Einsatz und die Arbeit, unser Sorgen und Mühen hinfällig? – Keineswegs. Aber sie bekommen eine neue Motivation: Nicht um Brot, Kleidung oder Geld geht es, sondern um das Reich Gottes in uns, um die Ausrichtung am Willen Gottes statt an unserem eigenen. Jesus hat uns verheißen, dann werde uns alles dazugegeben. Christen, die ihren Glauben konsequent zu leben versuchen, erfahren das immer wieder, zu ihrer großen Überraschung: Da bekommt man genau das, was man gerade brauchte ... Und spontan sagt man sich: Wie der himmlische Vater an uns denkt!

Wenn wir so in unserem eigenen Leben erfahren, wie sich unsere kleinen Probleme lösen, wäre es dann nicht auch angesichts der großen, bedrängenden Nöte der Menschheit am besten, die Frohe Botschaft bekanntzumachen und zu leben? Wir sollten nicht für uns behalten, was Jesus uns sagt: „Ist nicht das Leben wichtiger als die Nahrung und der Leib wichtiger als die Kleidung? ... Lernt von den Lilien, die auf dem Feld wachsen: Sie arbeiten nicht und spinnen nicht. Doch ich sage euch: Selbst Salomo war in all seiner Pracht nicht gekleidet wie eine von ihnen" (Mt 6,25.28f).

Heutzutage betont man, besonders in den Entwicklungsländern, sehr stark die sozialen Probleme, auf die sich, auch als Ausdruck des Glaubens, alle Bemühungen konzentrieren. Es entspricht dem Evangelium, Hunger zu stillen und Not abzuhelfen. Doch damit allein ist es nicht getan; die Botschaft Christi wird so möglicherweise noch nicht in ihrer ganzen Fülle sichtbar, vielleicht sogar verzerrt. Es könnte passieren, daß sich die Adressaten unserer guten Werke als „Almosenempfänger" fühlen. Das Evangelium hingegen will allen Menschen ihre große Würde bewußt machen: Kinder Gottes zu sein.

Das Evangelium ist aus einem Guß. Wir können es nur leben und verstehen, wenn wir nicht einzelne Aspekte herauslösen, sondern es als ein Ganzes betrachten. Auch für die sozialen und humanitären Probleme der armen Länder ist und bleibt das Evangelium und seine Verkündigung von entscheidender Bedeutung. Christus kennenlernen, das Reich Gottes und seine Gerechtigkeit suchen – das gibt die Zuversicht, daß dann auch alles übrige dazugegeben wird.

Sich tragen lassen

Beim Gehen sind wir ganz auf unsere eigenen Kräfte angewiesen und kommen recht langsam voran.

Nehmen wir ein Fahrrad, dann geht es nicht nur schneller, sondern auch leichter. Einige Muskeln werden kaum beansprucht.

Steuert ein Pilot sein Flugzeug, hat er selbst nur noch wenig zu tun. Fast alles erledigt die Technik. Und er kommt mit hoher Geschwindigkeit voran.

Bei einem Raumflug arbeitet der Astronaut im Vergleich zur technischen Leistung des Raumschiffes noch weniger.

Ähnlich ist es im geistlichen Leben. Je näher der Mensch zu Gott kommt, desto mehr wird er von ihm getragen. Bis er weiter nichts mehr zu tun hat, als sich tragen zu lassen. Vor allem darin besteht sein Einsatz.

Busse – einst und jetzt

Unsere Zeit gibt der Buße nicht viel Bedeutung. Oft wird sie als finsteres Erbe vergangener Jahrhunderte abgelehnt. Heute betont man die Liebe. Denn Gott ist die Liebe. Und die Umkehr beginnt bei vielen damit, daß sie an die Liebe glauben. Ein Strom neuen Lebens erfaßt sie. Der Glaube an die Liebe Gottes öffnet die Augen, läßt Menschen, Dinge und Ereignisse als Zeichen dieser Liebe verstehen.

Dann ist es nicht mehr schwer, diese Liebe zu erwidern; ja man kann fast gar nicht anders. Man möchte ihr entsprechen, und Gottes Gebote werden zur Gelegenheit, Liebe mit Liebe zu beantworten. Wie von selbst gewinnt der Mensch eine Ahnung, daß der Schmerz etwas Heiliges ist. Er kann nicht einfach beiseite geschoben werden; er will angenommen werden als etwas Wichtiges, das nicht fehlen darf. Gott, so geht einem auf, hat uns durch den Schmerz seine Liebe erwiesen. Gerade in unserem Schmerz, im Verzicht, im Tod unseres eigensüchtigen Ichs können wir seine Liebe erwidern. So kommt auf einem anderen Weg die Erfordernis der Buße wieder zum Vorschein.

Gewiß sollen wir offen sein für eine gesunde Erneuerung, doch man kann es drehen und wenden, wie man will: Als Christen kommen wir nicht umhin anzuerkennen, daß Gott die Liebe ist; Liebe, die sich kreuzigen ließ.

Echtheit

Zu Recht spricht man heute vom Evangelium als einer sozialen Botschaft. Es ist erfreulich, daß dieser Aspekt ans Licht gerückt wird. Daß Gott Mensch geworden ist, zeigt: Er interessiert sich für alle Bereiche menschlichen Lebens. Ist nicht das ganze Leben Jesu ein Musterbeispiel, wie man die soziale Dimension des Menschseins leben kann? Eines dürfen wir dabei freilich nicht vergessen: Jesu Botschaft ist auch, ja primär geistlicher Art.

Wir Christen tun unserem Glauben oft unrecht ...

Womöglich bringen wir ab und zu den Mut auf, etwas für Gott und die Menschen zu tun; wir bemühen uns, rechtschaffen zu leben und beten öfter; kurz, unser Leben hat unverkennbar eine christliche Prägung. Doch wir müssen wohl zugeben, daß es Aspekte gibt, die wir meistens übersehen, Glaubenswahrheiten, an die wir fast nie oder nur in Grenzsituationen des Lebens denken ...

Ab und zu gehen mir die Augen auf: Gott sei Dank (im wahrsten Sinne des Wortes!) wird mir immer wieder einmal eine solche Wahrheit bewußt. Manchmal ist das etwas so Schönes, so Großes, daß der Verstand es gar nicht fassen kann. Und doch rüttelt es mich wach, berührt mich im Innersten, gibt mir Mut, läßt mich aufjubeln. Ich werde mir bewußt, wohin ich gehe. Ich erinnere mich wieder daran, daß mich – so glaube ich fest – der Himmel erwartet, wenn ich den Aufgaben, die Gott mir gegeben hat, entspreche.

Der Himmel! Denken wir eigentlich daran? Sind wir uns darüber im klaren, daß hier auf Erden nicht der Platz ist, sich immer besser einzurichten? Daß es nicht um eine möglichst sorglose Existenz geht, sondern daß jeder Augenblick ein weiterer Schritt auf ein anderes Land zu ist, ein anderes Reich, eine Heimat, in der wir das reine, volle Glück, nach dem wir so sehr verlangen, für immer besitzen werden?

Was erwartet uns wohl dort? Ach, es ist besser, erst gar nicht zu versuchen, darüber zu reden. Wir würden nur mit unnützen Phantasien diese Wirklichkeit zerreden.

Es wird ... *Himmel* sein!

Heute fordern viele Menschen Echtheit, Authentizität. Masken fallen; es interessiert die Wirklichkeit hinter den schönen Fassaden; eine allgemeine Entmythologisierung macht vor nichts und niemand Halt, der gestern noch als Idol galt ... Es geht um Wahrhaftigkeit, um Wahrheit. Christus hat gesagt: „Ich bin ... die Wahrheit" (Joh 14,6). Ja, er ist die Wahrheit, er, seine Botschaft, seine Weisungen, seine Verheißungen – auch jene, daß er uns einen Platz in seinem Reich bereitet ... Wenn das stimmt, müssen wir unser Leben wohl als wenig konsequent bezeichnen. Wir handeln oft nach ganz anderen Kriterien. Wann bedenken wir schon, daß das Leben wie eine lange Reise hin zu einem ersehnten Ort ist? Schlägt unser Herz höher, je näher wir dem Ziel kommen?

Wer ist glücklicher zu nennen: ein Kind, ein junger Mensch, denen die oft lange Prüfung des Lebens mit seinen Freuden und den unvermeidlichen

Schmerzen noch bevorsteht, oder der gereifte, alte Mensch, der auf die Vereinigung mit Gott, der Liebe, zugeht? Bald wird er der Liebe „von Angesicht zu Angesicht" begegnen können und auf ewig jene Erfüllung finden, die er vielleicht unbewußt sein Leben lang gesucht hat!

Normalerweise denken wir anders. Die ersten grauen Haare, die Feststellung, daß die Kräfte nachlassen, die Beobachtung, wie schnell die Jahre vergehen ... – das alles drückt uns nieder, auch uns Christen. Wir sehen es als Anzeichen, daß das Leben allmählich schwindet. Zu Unrecht. Denn in Wirklichkeit steht die große Zukunft, für die wir geboren sind, noch vor uns. Als Glaubende dürfen wir das nicht vergessen. Oder denken und leben wir wie Materialisten, die nur glauben, was sie sehen und greifen können? „Mein Königtum ist *nicht* von dieser Welt" (Joh 18,36), antwortete Jesus dem Pilatus.

Der Tod ist eine Realität. Doch dann beginnt das Leben, das Leben in Fülle, das kein Ende kennt.

Es lohnt sich, dafür einen kleinen oder nötigenfalls auch großen Preis zu zahlen. Franz von Assisi wird der Ausspruch zugeschrieben: „So groß ist das Gut, das ich erhoffe, daß jedes Leid mir dafür lieb und teuer ist."

Eine Larve ist häßlich, solange sie verpuppt ist, doch dann wird sie zum Schmetterling. Ähnlich ist es mit uns Menschen. Je mehr sich uns das Ende und der Tod ankündigen, desto mehr kündigt sich das Leben an. Zu dieser tiefen Wahrheit müssen wir zurückfinden, uns immer wieder an sie erinnern. Dann können wir in Gelassenheit und festlicher

Freude beitragen, daß sich als Frucht lebendiger Erfahrung Einsicht und Weisheit ausbreiten.

Dazu bedarf es nicht vieler Worte. Selbst wenn wir, dem Tag des Aufbruchs, der Geburt zum neuen Leben nahe, wie Johannes nichts anderes mehr sagen könnten als: „Wir wollen einander lieben ..." (1 Joh 4,7), so hätten wir mehr und Wichtigeres gesagt als in allen großen Reden, die wir zeit unseres Lebens, im Vollbesitz unserer Kräfte gehalten haben. Dieses eine Wort wäre ein Licht, ja der größte Dienst an einer Menschheit, die voller Erwartung auf dem Weg in die Zukunft ist.

Anmerkungen

VERLIEREN KÖNNEN

1 San Pietro Giuliano Eymard, apostolo dell'Eucaristia, hrsg. von Q. Moraschini/M. Pedrinazzi, Rom 1962, 5.
2 Vgl. ebd. 389f.
3 Augustinus, In Io. Ep. 6,13: PL 35, 2028.
4 A. Andrey, Bruder Klaus, Vatikan 1945, 114.
5 Wilhelm von St. Thierry, Vita I,1.1, c. 3,15: PL 185, 236.
6 Insegnamenti di Paolo VI., V, 1967, 936.
7 Vgl. Una santa penitente, in: L'Osservatore Romano, 2.6.1967, 3.
8 Soliloquia, 2,1,1: PL 32, 885.
9 L. M. Grignion de Montfort, Opere, Rom 1977, 230ff.
10 Vgl. die Präfation (I) der Messe für Verstorbene.

JA ODER NEIN

1 Santa Caterina da Siena, Epistolario II, Alba 1966, 97.
2 Jacques Maritain, Diario di Raïssa, Brescia 1968, 146.
3 Giovanni XXIII., Il giornale dell'anima, Rom 1965, 122.
4 Dietrich Bonhoeffer, Widerstand und Ergebung, 3. Aufl. der Neuausgabe 1970, 1985, (Chr. Kaiser/Gütersloher Verlagshaus) Gütersloh, 22f.
5 P. Evdokimov, Le età della vita spirituale, Bologna 1968, 257f.
6 Der Sozialreformer Vinoba Bhave (1895 – 1982) war Schüler und Freund Mahatma Gandhis.
7 Vinoba Bhave, La legge dell'amore, Rom 1973, 23ff.
8 Athenagoras I., Ökumenischer Patriarch von Konstantinopel (1886 – 1972), u. a. bekannt durch sein Engagement für die Einheit der Kirchen; Begegnungen mit Papst Paul VI. 1964 und 1967.
9 Vgl. G. Joergensen, S. Caterina da Siena, Turin 1941, 512.
10 Vgl. J. Perrin, Contemplazione e azione in S. Caterina da Siena, Rom 1966, 53.
11 Santa Caterina da Siena, Epistolario III, Alba 1966, 105.
12 Insegnamenti di Paolo VI., VIII, 1970, 1311.

13 Jacques Maritain, Scienza e saggezza, Turin 1964, 79.
14 Insegnamenti di Paolo VI., VIII, 1970, 300.
15 Zweites Vatikanisches Konzil, Lumen Gentium 23.
16 Vgl. Bonaventura, Coll. in Hex., I,5, Florenz 1934, 2. Vgl. auch Tertullian, De exhort. cast., 7: PL 2,971.
17 Zweites Vatikanisches Konzil, Gaudium et Spes 38.
18 Insegnamenti di Paolo VI., VII, 1969, 731.
19 G. Joergensen, a.a.O., 99.
20 S. Teresa di Gesù, Castello interiore, in: Opere, Rom 1967, 847.
21 M. Gandhi, Antiche come le montagne, Mailand 1969, 120.
22 Ebd. 164.
23 Insegnamenti di Paolo VI., VI, 1968, 127.
24 Therese vom Kinde Jesus, Selbstbiographische Schriften. Authentischer Text, Einsiedeln, 7. Aufl. 1974, 23.
25 Giovanni XXIII., Il giornale dell'anima, Rom 1965, 117.
26 Le Lettere di S. Caterina da Siena, Florenz 1940, 230.
27 Johannes vom Kreuz, Empor den Karmelberg (Sämtliche Werke I), Einsiedeln 1964, 74.
28 Ebd.
29 Insegnamenti di Paolo VI., VI, 1968, 1154f.
30 Brief an Diognet, VI,1.
31 Enzyklika *Rerum omnium* vom 26.1.1923.
32 Vgl. Johannes vom Kreuz, Weisungen der Liebe, Nr. 28, in: Die lebendige Flamme, Einsiedeln 1964, 192.
33 Vgl. Eph 4,24: „Zieht den neuen Menschen an, der nach dem Bild Gottes geschaffen ist in wahrer Gerechtigkeit und Heiligkeit."
34 Vgl. Kol 3,9f: „... ihr habt den alten Menschen mit seinen Taten abgelegt und seid zu einem neuen Menschen geworden, der nach dem Bild seines Schöpfers erneuert wird, um ihn zu erkennen."
35 Encicliche e discorsi di Giovanni XXIII, IV, Ed. Paoline, 245f.

Anhang

Zitierte Bibelstellen

Dtn 6,5-9	13	*Mk 4,25*	43	*Joh 15,1ff*	152ff
Ps 82,6	50, 84	*10,30*	182	*17,1*	53
Spr 3,13	78	*11,24*	198	*17,4*	90, 96
Koh 1,2	187	*12,30*	160	*17,21*	70
Jes 53,3	104	*15,34*	206	*17,24ff*	52
Jer 17,5.7	77			*18,36*	217
		Lk 1,15	61	*19,25ff*	31,59
		2,19	82	*20,3ff*	68
		4,4	159	*20,28*	209
Mt 5,4	78, 105	*9,62*	113	*20,29*	173
5,8	63	*12,35ff*	57	*Apg 4,32*	133
5,13ff	42, 70, 123, 158	*16,10*	94	*Röm 5,3ff*	36, 50
				5,8	58
5,23f	72	*Joh 1,12f*	56	*13,8*	102
5,41	94	*1,36*	57	*13,14*	161
5,48	50, 91, 160	*2,1ff*	14	*15,13*	29
6,10ff	102	*3,29f*	61	*1 Kor 12,12*	74
6,21	98	*3,31*	62	*13,1ff*	17, 141
6,25ff	210f	*4,10*	63, 188	*13,8.13*	13, 86
6,34	115	*4,10ff*	42	*2 Kor 5,3*	161
7,6	91, 156	*4,18*	63	*5,8*	177
7,7	198	*4,26*	63	*Gal 2,20*	9, 170, 175
7,21	19	*4,36f*	96	*3,28*	149
11,28	60	*4,38*	40	*Phil 1,23*	177
11,30	182	*6,69*	173	*2,7f*	170
13,45f	106, 170	*8,3ff*	99f	*2 Tim 4,7*	173
16,18	133	*8,32ff*	17, 175	*1 Petr 4,8*	181
16,24	87, 190	*10,14*	101	*5,4*	53
16,25	41	*10,34*	50, 84	*1 Joh 3,14*	138, 181
18,20	175, 176	*11,35ff*	46	*4,7*	138, 218
19,19	156	*12,24f*	59	*4,8.16*	20, 50, 150
21,22	14	*12,47*	99	*4,20*	181
22,21	27, 94	*14,6*	87, 175, 216	*5,18*	138
22,39	189	*14,13*	198	*Offb 3,16*	14
24,42ff	24	*14,21*	173	*14,13*	17
25,35f	30	*14,23*	17	*21,10*	45

SACHREGISTER

Alltag	97, 150, 171
Anbetung	16
Auferstehung	68
Augenblick,	
gegenwärtiger	24, 87, 93, 94, 95, 107, 113, 190, 191, 194, 200
Barmherzigkeit	68
Werke der Barmherzigkeit	30
Beten (s. Gebet)	
Buße	49, 179, 214
Christsein	15, 42, 48, 54, 56, 156, 159, 179, 191
Demut	38, 172
Einheit	132, 176
Eucharistie	16
Ewigkeit, ewiges Leben	41, 177, 187, 215
Freiheit, innere (s. Loslösung)	
Freude	154
Gebet	14, 27, 49, 102, 198
Gehorsam	26
Geist, Heiliger	66
Gemeinschaft der Heiligen	40
Geschwisterlichkeit	50, 139, 149
Gewissenserforschung	95
Glaube	27, 128, 173
Glück	106
Gott	
- ist Liebe	149, 150
- ist Vater	149, 194, 210
- Gott die Ehre geben	90, 154
Gottesdienst	72
Heiligkeit, heilig werden	76, 83, 163, 205
Hoffnung	29, 36, 53
Jesus	passim, vgl. bes. 9, 46, 63, 82, 99, 101, 125, 209
- Herz Jesu	79, 80, 85
- in der Eucharistie (s. Eucharistie)	
- der Gekreuzigte und Verlassene	39

Jungfräulichkeit	25, 75, 84
Kirche	11, 47, 120ff, 132, 205, 207
Krankheit	22, 59
Kreuz	39, 54, 60, 104, 105, 190
Leben, Leben in Fülle	42, 184
Leiden (s. Jesus, der Gekreuzigte und Verlassene; Schmerz)	
Liebe (Lieben)	17, 126, 135, 137, 201
- Gottes zu uns	20, 60, 144
- zu Gott	13, 48, 50, 135
- Liebe sein	50
- gegenseitige Liebe	32, 72
- zu den Nächsten	50, 181, 188
- alle lieben	137
Loslassen, Loslösung	44, 89, 110
Maria	11, 14, 54, 168
- Maria unter dem Kreuz	31, 37, 59, 65, 81, 89, 91, 106, 109, 110
Ökumene	20
Prüfungen, innere	53
Rosenkranz	97
Schmerz (s. auch Kreuz)	78, 171, 182, 193
Selbsterkenntnis	38
Seligpreisungen	15, 105, 193
Stille	103
Stimme, innere (s. Wille Gottes)	
Tod, Sterben	22, 41, 53, 57, 86, 104, 177, 215
Vergebung	197
Verlieren (s. Loslassen)	
Vertrauen auf Gott	77, 198, 210
Vollkommenheit	50, 91, 137, 205
Wachsamkeit	24, 113
Wille Gottes	19
- „innere Stimme"	144, 196
Wissenschaft	128
Wort Gottes (s. auch Evangelium)	34, 62
Zeugnis geben	19, 32, 165, 176

*P*ERSONENREGISTER

Athenagoras	118f
Augustinus	20, 38
Bernhard von Clairvaux	32
Dietrich Bonhoeffer	115
P. Evdokimov	116
Peter Eymard	16
Franz von Assisi	130, 206, 217
Franz von Sales	114, 160
Mahatma Gandhi	140
Johannes XXIII.	115, 146, 163, 180
Johannes vom Kreuz	146
Johannes der Täufer	61
Katharina von Siena	120, 140, 146
Lorenz Giustiniani	49
J. Maritain	131
R. Maritain	115
Margareta von Cortona	36
L. M. Grignion von Montfort	54
Nikolaus von Flüe	26
Paul VI.	14, 34, 47, 120, 126, 129, 133, 139, 141, 147
Pius XI.	16, 161
Teresa von Avila	140
Vinoba Bhave	118f

Inhalt

Vorwort 5

Verlieren können *(1969)* 7

Für mich 9
Laie wie wir 11
Was bleibt 13
Worum sollen wir bitten 14
Ein Leben nach den Seligpreisungen 15
Anbeten 16
Auf das Wie kommt es an 17
Er wird sichtbar 19
Fest der Liebe 20
Nichts und alles 22
Wachsam sein 24
Nicht allein 25
Ein echter Christ 26
Berge versetzen 27
Von Hoffnung geprägt 29
Die Lästigen ertragen 30
„Stabat mater" 31
Ein neuer Frühling 32
Das Wort als Nahrung 34
Hoffnung 36
Ich habe meinen Weg gefunden 37
In der Stunde des Erfolgs 38
Ja zum Kreuz 39
Umfassende Sicht 40
Keine Selbsttäuschung 41

Wie paradox 42
Im richtigen Verhältnis 44
Er weinte 46
Leidenschaftliche Liebe zur Kirche 47
Ausschließliche Liebe 48
Gebet und Buße 49
Vollkommen sein 50
Er will uns alles geben 52
Anfang – nicht Ende 53
Wie Maria 54
Unsere Berufung 56
Begegnung mit ihm 57
Ohnmächtig dabeistehen 59
Wenn das Leben hart ist 60
Er muß wachsen 61
Der von oben kommt 62
Ohne Unterschied 63
Eine Entdeckung 65
Offen für den Heiligen Geist 66
Wer hat mehr gesehen 68
Sehnsucht nach dem Himmel 69
Eine gemeinsame Basis 70
Wenn einer etwas gegen dich hat 72
Viele ... eins 74
Schwer zu fassen 75
Nicht stehenbleiben 76
Nur eine Konsequenz 77
Weiter sehen 78
Herz eines Menschen 79
Antwort des Herzens 80
Nicht um sich selbst kreisen 81
Jenes Kind 82
Unverkennbar 83

„Ihr seid Götter"	84
Spürbare Liebe	85
Verloren?	86
Christus, der Weg	87
Mit Maria	89
Gott die Ehre geben	90
Die Kunst des Gebens	91
Christus, das Leben	93
Christus, die Wahrheit	94
Rückblick	95
Vollbringen	96
Viele Seiten hat das Leben	97
Unser Schatz	98
Würde und Menschlichkeit	99
Der gute Hirt	101
So sollt ihr beten	102
Die Stille	103
Unsere Stunde	104
Krasser Gegensatz	105
Das Glück	106
Unvergängliches schaffen	107
Danke	109
Auch die Gaben verlieren	110

JA ODER NEIN *(1973)* 111

Wachsamkeit	113
Sein	118
Katharina von Siena	120
Die Größe des Menschen	125
Die Liebe zählt	126

Glaube und Wissenschaft 128
Reflexionen nach den Raumflügen 132
Zwiegespräch mit der Liebe 135
Beschleunigter Rhythmus 137
Eine neue Dimension der Liebe 139
Nicht nur ein Traum 144
Universale Geschwisterlichkeit 149
Liebe verwandelt 150
Wer in ihm bleibt 152
Wie Jesus 156
Entwicklungsbedarf 159
Lebendige Zellen 165
Gottes offenes Buch 168
Die kostbare Perle 170
Das Paradox des Schmerzes 171
Im eigenen Nichts – im göttlichen Alles 172
Die Liebe macht sehend 173
Zeitgemäß 175
Wo zwei oder drei 176
Lichtvolle Gedanken 177
Das Wesentliche fehlt 179
Der Weg zu Gott 181
Für beides Raum schaffen 182
Das Leben 184
Kinder eines Königs 186
Leben ohne Ende 187
Göttliches Geschenk 188
Das tägliche Kreuz 190
Mit allen solidarisch 191
Der Schmerz macht sehend 193
Arbeit zu zweit 194
Wasser dieser Quelle 196
Du rufst uns beim Namen 197

Unerschütterlich	198
Festlich und würdevoll	200
Auf die Liebe kommt es an	201
Eine einzigartige Erfahrung	203
Kirche sein	205
Auf Zehenspitzen	207
Er weiß um alles	209
„Sorgt euch nicht …"	210
Sich tragen lassen	213
Buße – einst und jetzt	214
Echtheit	215

Anmerkungen
Verlieren können	221
Ja oder Nein	221

Anhang

Zitierte Bibelstellen	223
Sachregister	225
Personenregister	227

Weitere Werke von Chiara Lubich

**ALLE SOLLEN
EINS SEIN**

Geistliche Schriften

*300 Seiten, gebunden
ISBN 3-87996-283-9*

Frühe Schriften Chiara Lubichs, in deren Ursprünglichkeit die erneuernde Kraft einer Spiritualität für unsere Zeit aufleuchtet.

„Die hier überall aufscheinende Liebe strahlt einfach Wärme und Menschlichkeit aus. Das Buch macht verstehbar, was Christentum wirklich meint und wie schön wahrhaft christliches Leben sein kann."

Josef Sudbrack

VERLAG NEUE STADT   MÜNCHEN · ZÜRICH · WIEN

Weitere Werke von Chiara Lubich

DIE WELT WIRD EINS
Franca Zambonini im Gespräch mit der Gründerin der Fokolar-Bewegung
164 Seiten, gebunden, ISBN 3-87996-384-9

EINHEIT ALS LEBENSSTIL
Aus der Geschichte und Spiritualität der Fokolar-Bewegung
88 Seiten, gebunden, ISBN 3-87996-223-5

IM MENSCHEN CHRISTUS ERKENNEN
Die Gegenwart Jesu im Nächsten
112 Seiten, ISBN 3-87996-099-2

IN BROT UND WEIN
Die Eucharistie – Sakrament der Gemeinschaft
88 Seiten, gebunden, ISBN 3-87996-233-2

JESUS DER VERLASSENE UND DIE EINHEIT
Die Grundzüge der Fokolar-Spiritualität
112 Seiten, ISBN 3-87996-172-7

LEBEN AUS DEM WORT
In der Heiligen Schrift Gott begegnen
72 Seiten, gebunden, ISBN 3-87996-228-6

MITTEN UNTER IHNEN
Der auferstandene Christus in der Gemeinschaft
72 Seiten, ISBN 3-87996-229-4

DER WILLE GOTTES
Über das Ja des Menschen zu seinem Schöpfer
96 Seiten, gebunden, ISBN 3-87996-125-5

VERLAG NEUE STADT   MÜNCHEN · ZÜRICH · WIEN